東亞民俗學稀見文獻彙編 第一輯

朝鮮巫俗考

朝鮮巫俗考 李能和輯述

金鰲新話 金時習著

金時習傳 李建昌撰

韓國漢籍民俗叢書

第二冊

朝鮮巫俗考

朝鮮巫俗考

目次

第一章 朝鮮巫俗之由來……一
一、巫覡起源歌舞降神……一
二、巫覡之別稱……一
第二章 高句麗巫俗……三
一、巫言人鬼爲病祟……四
二、巫言狐怪勸王修德……四
三、巫卜腹中兒……四
四、巫言王神降于己……四
五、巫祀朱蒙祠……四
第三章 百濟巫俗……四
一、巫解龜讖……五
第四章 新羅巫俗……五
一、巫爲尊長之稱……五
第五章 高麗巫風……五
一、聚巫禱雨……六
二、巫言病祟又從巫言決堤……六
三、女巫奉神空唱託宣……六
四、巫蠱之事(詛呪)……七
五、城隍神降於巫……七
六、錦城山神降于巫……七
七、宮中好巫……七
八、宮巫教歌……七
九、國巫堂及別祈恩……八
十、政丞姜融之妹爲巫……八
十一、巫匠業貢布……八
十二、巫覡出馬……八
十三、黜巫、禁巫……八
第六章 李朝巫俗……九
一、聚巫禱雨……九
第七章 宮中好巫……一一
一、太祖康妃與巫方兀……一一
二、太宗時國巫治大君之病……一一
三、世宗朝大妃命巫祀星辰……一一
四、成宗病時大妃使巫禱祀……一二
五、燕山君時宮禁巫女……一二
六、中宗時國巫乭非出入宮掖……一三

七、明宗時宮禁奸巫……一三
八、宣祖時妖巫出入宮中……一六
九、光海君時妖巫出入宮中……一三
十、仁祖時巫女交通宮掖……一三
十一、孝宗時喪儀巫祝……一四
十二、肅宗時宮禁巫女……一四
十二、英宗時大內主巫……一四
十四、高宗時李尹二巫及壽蓮……一四
第八章 巫覡所屬之官署……一五
一、星宿廳置國巫……一五
二、東西活人院置巫覡之動機……一五
三、東西活人院置巫覡之議論其一……一五
四、東西活人院置巫覡之議論其二……一六
五、東西活人院置巫治疫……一六
六、東西活人署多屬女巫……一六
七、東西活人署案付巫女……一六
八、東西活人署籍巫收稅……一六
九、東西活人署屬巫女之建議……一七
十、京巫女出置活人署……一七
十一、閑巫署或併於活人署之說……一七
十二、〔參照〕東西活人署之沿革……一七
十三、活人署中廢復設……一七
第九章 巫業稅及神稅布……一九
一、世宗時巫稅……一九
二、文宗時巫稅……二〇
三、世祖時巫稅……二〇
四、中宗時巫稅……二〇
五、魚叔權稗官雜記巫布記事……二一
六、續大典巫女稅布……二二
七、星湖僿說巫稅記事……二一
八、燃藜室記述巫布記事……二二
九、正宗朝巫布……二二
十、北關巫布……二二
十一 神稅記事……二二
十二、純祖朝巫稅……二三
第十章 巫兵之制……二三
一、忠翊衛巫兵……二三
二、欄後砲手……二三
三、巫夫軍牢……二三
第十一章 禁妖巫及淫祀……二三

一、太祖時禁妖巫……二三
二、太宗時禁淫祀……二三
三、世宗時禁妖巫淫祀……二四
四、成宗時禁妖巫淫祀……二七
五、中宗時禁巫覡淫祀……二八
第十二章　黜巫城外……二九
一、世宗朝黜巫城外……二九
二、成宗朝黜巫城外……三〇
三、中宗朝黜巫城外……三〇
四、肅宗朝黜巫城外……三一
五、正宗朝黜巫城外……三一
六、純宗朝黜巫城外……三一
第十三章　巫覡術法……三一
一、空唱……三二
二、神托……三三
三、掛鏡……三三
四、符呪……三三
五、卜命……三三
六、米卜……三三
七、巫卜……三四
八、劃栲栳……三四
九、接煞法……三四
十、蹈及舞……三四
十一、降神術……三四
十二、下褐亡魂……三六
第十四章巫蠱(詛呪)……三六
一、中宗時宮中巫蠱……三七
二、光海君時宮中巫蠱……三七
三、仁祖時宮中巫蠱……三八
四、孝宗時宮中巫蠱……三八
五、肅宗時宮中咀呪……三九
六、英宗時宮中巫蠱……四〇
第十五章　巫祝之辭及儀式……四〇
一、於羅瑕萬壽……四〇
二、江南朝鮮……四〇
三、日出世界月出世界四海世界……四〇
四、萬神……四一
五、三神……四一
六、十王……四一
七、三佛……四一

八、萬明……四二
九、七金鈴……四二
十、神壇……四二
十一、降神……四二
十二、魚鼻大王及鉢里公主……四二
十三、法祐和尚……四四
第十六章　巫行神祀名目……四四
一、城主神祀……四五
二、落成神祀……四五
三、帝釋神祀……四五
四、七星神祀……四六
五、祖上神祀……四六
六、三神神祀……四六
七、地神釋……四六
八、城隍祭……四六
九、堂神神祀……四六
十、別神祀……四六
十一、度厄神祀……四六
十二、豫㨿神祀……四六
十三、媽媽神祀……四六
十四、龍神神祀……四七
十五、招魂釋……四七
十六、指路歸散陰神祀……四七
第十七章　城隍……四七
一、國行城隍祭……四七
二、太祖時諸山川城隍神之封號……四七
三、太宗時城隍祀典……四八
四、世宗時山川壇廟之制……四八
五、李瀷論城隍……四九
六、淫祀城隍……五〇
第十八章　京城巫風及神祀……五一
一、村根堂……五二
二、君王神……五二
三、大監神……五三
四、魍魎神……五三
五、殿內神……五三
六、孫閣氏鬼……五三
七、木覓山神祠……五三
八、白岳山貞女夫人廟……五四
九、肅清門神像……五四

十、仁王山七星堂……五四
十一、家宅神……五四
(一)城主神……五四
(二)土主神……五五
(三)帝釋神……五五
(四)業王神……五五
(五)竈王神……五七
(六)守門神……五七
十二、痘神……六〇
十三、太子鬼或明圖……六三
第十九章　地方巫風及神祀……六五
一、京畿道巫風及神祀……六五
二、黃海道巫風及神祀……六七
三、咸鏡道巫風及神祀……六八
四、忠清道巫風及神祀……六八
五、江原道巫風及神祀……七〇
六、慶尚道巫風及神祀……七三
七、關西巫風……七六
八、全羅道巫風及神祀……七六
九、濟州巫風及諸神祀……七七
第二十章　附支那巫史大略……七九
一、夏巫……七九
二、殷巫或商巫……八〇
三、周巫……八〇
四、晋巫……八〇
五、楚巫又荆巫……八〇
六、鄭巫……八〇
七、越巫……八〇
八、魏巫……八一
九、韓巫……八一
十、漢巫晉巫秦巫梁巫荆巫胡巫蠻巫……八二
十一、唐巫……八二
十二、遼巫……八三
十三、金巫……八三
十四、元巫(蒙古巫)……八三
十五、別附日本巫源……八五

朝鮮巫俗考

無能居士 李能和 輯述

第一章 朝鮮巫俗之由來

朝鮮民族。古初時代。即有神市。爲其敎門。天王桓雄。壇君王儉。或爲天降之神。或爲神格之人矣。古者以巫祭天事神。爲人尊敬。故新羅爲王者之號。次次雄或云慈充。方言巫也。句麗有師巫之稱。如是乃至馬韓之天君。濊之舞天。駕洛之禊洛。百濟之蘇塗。夫餘之迎鼓。句麗之東盟。無一非壇君神敎之遺風餘俗。是即所謂巫祝神事者也。降及後世。人文進化。儒佛及道相繼輸入。儒有吉凶之禮。佛有焚修之法。道有醮祭之儀。以彼外來之敎。雜於固有之俗。彼外來之敎爲世間所尊奉。爭倡宗門。近世以來凡新倡敎門者。無不稱儒佛仙合致之敎。亦一可笑之狀態也。此固有之俗。遭社會之排斥。不齒同列。至乎今日。研究朝鮮古代神敎淵源。朝鮮民族信仰思想。及朝鮮社會變遷狀態者。不可不於巫俗。著眼觀察也。

一 巫覡起源歌舞降神

巫者古代神敎主祭之人。蓋舞以降神。歌以侑神。爲人祈禱避災邀福。故曰歌舞者。即巫俗之起原云爾。

〔說文〕男曰覡。女曰巫。徐曰能見也。

〔尙書〕敢有恒舞于宮。酣歌于室。時謂巫風。疏曰。以歌舞事神。故歌舞爲巫覡之風俗也。

〔漢書釋義〕王氏曰。女能事无形。以舞降神曰巫。

〔朱子語類〕巫。其舞之盡神者。巫以工兩邊人字是取象其舞。巫者托神如舞雩之類。皆須舞。蓋以通暢和氣達于神明。

〔五洲衍文長箋散稿 近世人嘯雲居士李圭景撰〕今我鄕曲。女巫男覡皷之鼕鼕。呪之喃喃。舞之僛僛。稱以逐鬼降神

二 巫覡之別稱

女巫

〔巫堂〕我語呼女巫曰巫堂「무당」(Mutang)。蓋女巫祀神之所曰堂。例如國師堂。城隍堂。山神堂。彌勒堂七星堂。都堂。及神堂等處是也。此與女眞薩滿師巫堂子祭神。其俗同源也。按高麗史。恭讓王三年。政堂文學

鄭道傳上疏。有

殿下即位以來。道場高峙於宮禁。法席常設於佛宇

道殿之醮無時。巫堂之事煩瀆

云云等語。巫之稱堂。以是可證也

〔萬神〕 我語呼女巫曰萬神。蓋巫者無神不祀。故稱之以萬神者歟。萬神之稱由來最久。按抱朴子。黃帝東到青丘。過風山。見紫府先生。得三皇內文以刻。名萬神云云。由是觀之。則萬神之稱。源於青丘。(朝鮮)出自仙書者歟。蓋上古則神與仙無甚分別。而混同稱之矣。

男巫

〔博士〕 我語呼男巫曰「博數」(Pak Su)。疑即博士或卜師之轉。按巫書(諺文)稱卜師曰博士。周易博士。多智博士等者即是也。

〔花郎〕 我語男巫亦稱花郎。李朝實錄云。成宗二年大司憲韓致亨上疏曰。有男人號稱花郎者。售其狂詐之術。漁取人財貨。略與女巫同。○李晬光芝峯類說云按新羅時取美男子粧飾之。使類聚。觀其行義。名花郎時謂郎徒。或謂國仙。如永郎述郎南郎。蓋亦是類。今俗乃謂男巫爲花郎。失其旨矣。○丁若鏞疋言覺非曰。花郎者。新羅貴遊之名也。今以巫夫倡優之賤。謂之花郎非矣。唐令狐澄新羅國記云。擇人子弟之美者。傅粉粧飾名曰花郎。國人皆尊事之。東史云。花郎既飾。徒衆雲集。相磨以道義。相悅以歌樂。遊娛山水。無遠不屆。意者。花郎服章袨麗。而今之倡夫亦服裝袨麗。故冒是名。○李圭景巫覡辨證說云。男巫俗稱花郎或稱博士(新羅史眞興王丙申。選年少美男子爲花郎。而男巫之稱花郎博士者。或取其美名。冒而自號者歟。)能和按。我南道之俗。謂男巫爲花郎。而西北兩道以花郎爲賤娼遊女之別稱。例如罵人之辭曰。「你這小賤娼婦花郎女之子息」。是也。意者。新羅眞興王。始奉南毛俊貞兩美女爲源花。聚徒三百餘人。二女爭娼相妬。俊貞誘殺南毛。故選美男粧飾。名曰花郎。故取以爲比。仍作賤罵之辭者歟。

〔郎中〕 李朝實錄。燕山君九年癸亥二月甲子。御經筵。侍講官鄭麟仁曰。聞下三道(忠淸道全羅道及慶尙道)祀神。必用男巫。號爲郎中。出入士族家。頗有醜聲。甚者至有變女服而出入。安琛爲觀察使。痛革其弊。其習稍衰。然猶未殄。請申諭下三道。痛加禁斷。不答。

〔兩中〕 李朝實錄。中宗八年十月丁酉。全羅觀察使權弘狀啓曰。觀本道弊風。男子之稱爲居士。女人之稱爲回寺者。(女人之遊寓山寺者。方言謂之回寺。)率皆不事農業。縱淫橫行傷

風敗俗。法所當禁。其中尤甚者。莫過兩中。(俗云花郎男巫之稱)凡民之家祀神之時。雖女巫多在。必使兩中主席。主家及參會人等。虔恭迎慰。終夕達朝。歌舞娛神。男女相雜。情慾之談。淫褻之狀。無所不爲。令人竦聽抃噱。以爲快樂。間有弱冠無髯者。則變著女服。塗粉施粧。出入人家。昏夜與女巫雜坐堂室。乘間伺隙。奸人妻女。形迹隱秘。難於摘發。恐士族人家亦復如是。則不祥莫甚。成化十八年。刑曹受敎曰。花郎遊女等。令所在官糾摘。依大明律犯奸條。並加本罪一等。

能和按兩中者。即郎中之轉。而郎中者亦花郎。(郎徒變爲郎衆)之轉者也。

〔廣大〕 我語男巫亦稱廣大。廣大者即歌舞之倡優也。蓋巫覡者。以歌舞娛神爲業。故轉爲俳優之技也。按雜隱荆巫說。有衣食廣大云云等語。則朝鮮男巫之廣大。或源於此者歟。廣大之說。見於高麗史。而男巫稱廣大。亦見於丁茶山先生牧民心書。

〔倡優顛官〕 安順菴鼎福撰雜同散異。(書名)演雅人物品云。倡優顛官。(諧臣顛官怜愉天顏。一作諧臣戲官)

〔才人〕 我語又稱男巫爲才人。是則以其所業才藝伎術得名者也。大典通編。才人與白丁同條。而縮稱曰才白丁。

〔優人〕 魚叔權稗官雜記云。俗傳官府收巫布甚重每官差到門隳突。一家蒼皇奔走具酒食。乞緩程期。如是者間日或連日。苦海多端。適歲時優人作此戲于御庭。於是。命除其稅。優人亦有益於民矣。今優人尙作其戲。以爲故事。

能和按我朝鮮。自古無眞正戲劇。是可謂文化上之一大缺點。古有山臺戲。(儺戲)以供外使之觀覽。大抵皆蒙醜惡之假面爲之。假面之戲始自新羅。鄕樂及處容舞是也至高麗時大儺儀用假面。後爲山臺戲。一至李朝爲唯一之戲劇。設都監以行其事。名曰山臺都監。今猶存其遺俗而楊州古邑爲山臺都監之本所。其呈舞伎甚粗野。不堪觀聽矣。然而魚叔權所述。巫苦徵稅。演爲劇戲。自是家庭生活上悲劇之天然脚本。演出眞境。感動君心。至得免稅。此所謂諧臣顛官。怜愉天顏者歟。

第二章 高句麗巫俗

按句麗巫俗。則巫能言人病祟。巫能卜腹中兒。巫能言災異之事。巫言人鬼降于己。巫祀始祖王祠。是皆後世巫俗之「賽神」「詛呪」「卜筮」「空唱」「神託」「療病(如李朝活人署)」「衛護(如高

(禰及李朝之祖先神祠也)等之所本也、至於師巫、即如周之太師爲國家占吉凶、又如滿洲之薩滿主祭天神者也、且師巫勸王修德禳災、語甚當理、若置諸左傳或漢書之中、則與賢臣良佐之言論災異、其義相類、自當不讓一頭地也、今以其言出於巫曰、故人皆不齒、雖然觀其師巫之名義、可知當時爲王之師表。故國有災異、必質之師巫者矣、

一　巫言人鬼爲病祟

瑠璃王十九年秋八月、郊豕逸、王使託利斯卑追之。至長屋澤中得之。以刀斷其脚筋、王聞之、怒曰、祭天之牲、豈可傷也、遂投二人坑中殺之。九月王疾病。巫曰、託利斯卑爲祟、王使謝之、即愈。(三國史記)

二　巫言狐怪勸王修德

次大王三年秋七月。王畋于平儒原。白狐隨而鳴。王射之不中。問於師巫、曰狐者妖獸。非吉祥。況白其色。尤可怪也。然天不能諄諄其言。故示以妖怪者。欲令人君恐懼修省以自新也。君若修德。則可以轉禍爲福。王曰凶則爲凶。吉則爲吉。爾旣以爲妖。又以爲福。何其誣也。遂殺之。(三國史記)

三　巫卜腹中兒

山上王十三年、立王子郊彘母(酒桶村女)爲小后。初小后母孕、未產、巫卜之曰、必生王后、母喜、及生名曰后女(三國史記)

四

四　巫言王神降于己

東川王八年秋九月、太后于氏薨、太后臨終遺言曰、妾失行、將何面目見國壤(太后之前夫國壤王)於地下、若群臣不忍擠於溝壑、則請葬我於山上王陵之側。遂葬之如其言、巫者曰、國壤降于予曰、昨見于氏歸于山上、不勝憤恚、遂與之戰、退而思之、顏厚不忍見國人。爾告於朝、遮我以物、是用植松七重於陵前。(三國史記)

五　巫祀朱蒙祠

王寶臧四年夏五月。唐將李世勣攻遼東城。晝夜不息旬有二日。帝(唐太宗也)引精兵會之。圍其城數百重。鼓噪聲振天地。城有朱蒙祠。祠有鎖甲銛矛。妄言前燕世天所降。方圍急、飾美女以婦神。巫言朱蒙悅、城必完。(三國史記)

第三章　百濟巫俗

百濟巫史。絕無僅有。末王末年。巫解龜讖一事而已。蓋百濟本出夫餘句麗。則其巫俗。與句麗同。推想可知。然則句麗有巫能說狐怪。百濟有巫能解龜讖。此出同一系統亦屬煥然者也。按後周書、百濟解陰陽五行之術云云。則此解讖之巫。亦一日者也已。三國史記百濟本紀、始祖溫

祚王二十五年春二月。王宮井水暴溢　漢城人家馬生牛一首二身、日者曰。井水暴溢者。大王敎興之兆也。牛一首二身者。大王幷鄰國之應也。王聞之喜。遂有幷辰馬之心（辰馬謂辰韓馬韓也）云云。此云日者者。疑亦巫也。然則百濟之世崇尙巫風、卽此可想也

一　巫解龜讖

義慈王二十年春二月、有一鬼入宮中　大呼百濟亡百濟亡　卽入地。王怪之。使人掘地深三尺許　有一龜。其背有文曰　百濟同月輪　新羅如月新。王問之巫者。曰同月輪者滿也。滿則虧　如月新者。未滿也　未滿則漸盈。王怒殺之。或曰　同月輪者盛也。如月新者微也　意者　國家盛而新羅寖微乎　王喜（三國史記）

第四章　新羅巫俗

新羅方言謂巫曰次次雄　雄之謂巫必自神市桓雄始。蓋桓雄之神市。是卽古代巫祝之事　以其設壇祭天故號曰壇君　壇君者卽神欞天子也　新羅人以次次雄尙祭祀事鬼神　故畏敬之　遂稱尊長爲次次雄　此等方言沿自三韓然則巫號次次雄　其語源出於桓雄　蓋十分無疑也　桓與寒音相近　而寒訓次　又新羅方言　若以漢字形容之。則或以訓或以音　卽如西鳶山或作西述山（方言謂鳶曰述。故鳶與述互用者也。）是其例也。然則次次雄乃卽桓雄之謂也。南解次次雄。非但借巫以稱號也。而其自身卽是主祭事神之人。是亦一壇君也。新羅始祖朴赫居世、爲辰韓六部之人所推戴爲居西干。（辰言王也）按後漢書　惟馬韓種人爲辰國王云云、然則朴赫居世必是馬韓種人也、而馬韓諸國邑、各以一人主祭天神、號曰天君　則朴赫居世亦卽主祭天神之天君、而主祭天神之大君、卽次次雄（巫）也、南解次次雄、以其親妹阿老主祭始祖廟、蓋新羅俗、旣以巫尙祭祀事鬼神矣則阿老亦必是巫無疑也、

一　巫爲尊長之稱故國王以巫爲號

三國史記新羅本紀。第二代南解次次雄。次次雄或云慈充、金大問云。方言謂巫也。世人以巫事鬼神尙祭祀。故畏敬之。遂稱尊長者爲慈充。

第五章　高麗巫風

聚巫禱雨、是卽古代以巫祭天之證據也。三國遺事古朝鮮條「桓雄天王率徒三千。降于太白山神壇樹下。在世理化將風伯雨師、主穀主命主病刑主善惡。凡主人間三百六十餘事　其子壇君王儉、開國。號朝鮮」云云。然則將風

伯雨師主穀主命祭天祀神。是即古代神權君主。爲民生命祈穀禱雨之巫祝神事者。而是爲後世天旱年饑則聚巫禱雨。及徙市之所本也。（徙市之事雖本於神市天王將風伯雨師而主穀主命之事者也。）高麗自國初至于末王。凡遇天旱。則必聚巫祈雨。又或徙市。古俗遺傳。可以想見矣。

一 聚巫禱雨

顯宗十二年五月旱。集巫覡禱雨。（高麗史五行志下倣此。）

肅宗六年四月癸巳。以旱。曝巫祈雨。睿宗十六年閏五月辛未。聚巫禱雨

仁宗元年五月。以旱。造土龍于都省廳。聚巫禱雨。十一年五月庚午。集女巫三百餘人于都省廳聚巫禱雨

六月乙亥又聚巫禱雨。十二年六月己卯朔。集巫二百五十人于都省祈雨。十五年五月壬午。會巫都省廳祈雨。十八年閏六月巳丑。聚巫禱雨。

明宗三年四月丙子。聚巫祈雨。八年五月壬子。聚巫都省廳禱雨。十九年閏五月癸酉。聚巫祈雨于都省。

高宗三十七年五月己亥。聚巫都省祈雨。

忠烈王十年五月癸亥。以旱徙市。丁丑集巫于都省廳禱雨。十五年五月庚辰。以旱徙市。辛卯聚巫禱雨。三十年四月旱。乙未聚巫禱雨。三十二年六月。以旱聚巫禱雨。

忠肅王三年五月己巳。聚巫禱雨。五年四月己未。聚巫禱雨。徙市。十六年五月丁卯。聚巫禱雨。後元年五月辛卯。聚巫禱雨。四年五月壬午朔。以旱徙市。聚巫禱雨。

忠穆二年五月癸巳。聚巫三司禱雨。

恭愍王三年五月丙子。聚巫禱雨。

二 巫言病祟又從巫言決堤

巫言人鬼爲病祟。高句麗初。已有其事。而又按徐兢高麗圖經。「高麗舊俗。民病不服藥。唯知事鬼神詛呪厭勝爲事」云云。由此可知高麗巫風之盛矣。至於從巫言而決築堤。是則今世俗動土忌犯殺之所本也。

仁宗二十四年。時王有疾。追復拓俊卿門下侍郎平章（先是俊卿謀逆伏誅）召其子孫官之。以巫謂俊卿爲祟故也。又遣內侍奉說。決金堤郡新築碧骨池堤堰。從巫言也。（高麗史）

三 女巫奉神空唱託宣

空唱巫覡惑人最甚。李朝上世。此風盛行。究其淵源。傳自麗代也。託神宣言。今巫所謂給咆喊(Pohanchuta)者是也。

忠烈王元年。安珦出爲尙州判官。時有巫女三人。奉妖

神惑衆。自陝州歷行郡縣。所至作人聲呼。空中隱隱若喝道。聞者奔走設祭。莫敢後。雖守令亦然。至尙州。珦杖而械之。巫托神言。怵以禍福。州人皆懼。珦不爲動。後數日。巫乞哀。乃放。(高麗史安珦傳)

四、巫蠱之事 (詛呪)

巫女詛呪之事。已見周漢之書。可知由來厥惟久矣。我東女巫詛呪始見麗史忠烈王時。今俗民間。猶有此風。詛呪等事。多出妖巫。俗語詛呪曰方子(Pang cha)也

忠烈王二年十二月丙子。夜有人投匿名書。誣告貞和宮主詛呪公主。(元公主也)又齊安公淑金慶方等四十三人謀不軌。於是。囚貞和宮主及淑方慶等。柳璥涕泣力諫。公主感悟皆釋之。甲申遣將軍高天伯及忽剌歹如元上表曰。巫蠱之言。皷虛而起。聖明之鑑。實可知也。云云(高麗史)

五 城隍神降於巫

朝鮮到處有城隍祠。巫覡聚集爲祈禱處。又於各郡行別神事。巫覡襲歌舞以侑之。所呼請者皆城隍神。今按其源。出於麗代也。

咸有一爲朔方道監倉使。登州城隍神屢降於巫。奇中國家禍福。有一詣祠行國祭。揖而不拜。有司希旨劾罷之。(高麗史咸有一傳。)

六、錦城山神降于巫

錦城神堂。最爲淫祠、巫女麕集。神祀不絕。又我朝鮮俗祭山神。名曰都堂祭。又用巫女妥靈。此本源於麗時之錦城神堂者也。

鄭可臣羅州人。高宗朝登第。累歷華要。忠烈王二年。除寶文閣待制。羅州人稱錦城山神降于巫。言珍島耽羅之征。我實有力。賞將士而不我祿何也。必封我定寧公。可臣惑其言。諷王封定寧公。且輟其邑祿米五石。歲歸其祠。(高麗史鄭可臣傳。)

忠烈王初。沈諹爲公州副使。有長城縣女言錦城大王降我云。爾不爲錦城神堂巫。必殺爾父母。我懼而從之(高麗史沈諹傳)

七 宮中好巫

高麗史明德太后傳云。有女巫以妖言出入后宮。頗見信愛。金子粹傳云。恭讓朝。子粹請禁淫祀。用斷諸巫出入宮掖。以絕妖妄。以正風俗。

八 宮巫教歌

忠烈王二十五年。選城中巫女善歌舞者。籍置宮中。衣羅綺戴馬尾笠。別作一隊。稱爲男粧。敎以新聲。(東國通鑑)衣

禑出田。夜還。笙歌鼓舞。爲巫覡戲。高麗史

九 國巫堂及別祈恩

恭讓朝。金子粹上疏曰國中設立巫堂。旣爲不經。所謂別祈恩之處。又不下十餘所。四時之祭以至無時別祭。一年糜費不可殫記。當祭之時。雖禁酒之令方嚴。諸巫作隊。托稱國行。有司莫敢詰焉。故崇飮自若。九街之上。鼓吹歌舞。靡所不爲。風俗不美。斯爲甚矣。乞明勑有司。除祀典所載外。一禁淫祀。用斷諸巫云云。高麗史

十 政丞姜融之妹爲巫

巫本無種。貴賤皆爲。高麗故都今開城郡。上流女爲巫則俗呼爲仙官。下流女爲巫則俗呼爲巫堂。仙官之號本於毅宗時。擇兩班之家產饒足者爲仙官。主祭八關。忠肅王時左政丞姜融之妹爲巫。是所謂仙官者歟。

忠肅王四年。僉議左政丞判三司事姜融之妹。爲巫食松岳祠。高麗史

十一 巫匠業貢布

忠惠王後四年。分遣惡少。幾牧山海稅。或徵巫匠業中貢布。高麗史

十二 巫祝出馬

辛禑十三年二月。令兩府下至巫祝。出馬有差。以充進獻。高麗史

十三 黜巫・禁巫

仁宗九年八月。日官奏。近來巫風大行。淫祀日盛。請令有司遠黜群巫。詔可。諸巫患之。歛銀瓶百餘。賂權貴奏曰鬼神無形。其虛實恐不可知。王然之。弛其禁。東國通鑑

崔沆黜巫覡于城外。高麗史崔沆傳

玄德秀爲安南都護副使。惡淫祀。禁令甚嚴。巫覡不得入境。高麗史玄德秀傳

忠肅王後八年五月。監察司牓示禁令。一巫覡之輩。妖言惑衆。士大夫歌舞祀神。汚染莫甚。舊制。巫覡不得居城內。仰各部盡行推刷。黜諸城外。高麗史

恭讓時。李詹上疏曰。臣願放巫覡於遠地。不令在京都使人人設家廟。以安父母之神。絕淫祀。以塞無名之費高麗史

老巫篇并序

予所居東鄰有老巫。日會士女。以淫歌怪舌聞于耳予甚不悅。歐之無因。今國家有勑。使諸巫遠徙。不接京師。予非特喜東家之淫祀寂然如掃。亦且賀京師之內無淫詭。世質民淳。將復太古之風。是用作詩以賀之。且明夫此輩若淳且質。則豈見黜于王京哉。乃

反託淫巫以見擯斥。是自招也。又誰咎哉。爲人臣者亦然。忠以事君則終身無尤。妖以惑衆則不旋踵而見敗。固其理也。

昔者巫咸神且奇。競懷椒糈相決疑。自從上天繼者誰。距今漠漠千百朞。肹彭眞禮抵謝羅。靈山路敻又難追。(山海經云。天門日月所入。有靈山。巫盼巫彭巫眞巫禮巫抵巫謝巫羅七巫居之。)沅湘之間亦信鬼。荒淫誕詭尤可嗤。海東此風未掃除。女則爲巫男爲覡。自言至神降我軀。而我聞此笑且吁。如非穴中千歲鼠。當是林下九尾狐。東家之巫亦所惑。而皴鬢斑年五十。士女如雲屨滿戶。磨肩出門駢頭入。喉中細語如鳥聲。㗂哰無緒緩復急。千言萬語幸一中。騃女癡男敬益奉。酸甘淡酒自飽腹。起躍騰身頭觸棟。巫口自道天帝釋。釋皇本在六天上。肯入汝屋處荒僻。丹青滿壁通神像。七元九曜以標額。星官本在九霄中。安能從汝居汝壁。死生禍福每自推。其能試吾橫氣機。聚窮四方男女食。奪盡天下夫婦衣。我有利劒凜如水。幾回欲往還復止。只因三尺法在耳。豈爲其神能我祟。東家之巫年迫暮。朝夕且死那能久。我今所念豈此爾。意欲蕩逐滌民宇。君不見昔時鄴縣令。河沈大巫使絕河伯娶。又不見今時咸尙書。(咸有一也)坐掃巫鬼不使暫接虎。此翁逝後又寢興。醜鬼老狸毋復聚。敢賀朝廷有石畫。訶逐羣巫辭切直。署名抗牘各自言。此豈臣利誠國益。聰明天子可其奏。朝未及暮如掃迹。爾曹若謂吾術神。變化怳惚應無垠。有聲何不繇入聽。有形何不緘入旻。章丹陳奏猶謂幻。況復爾曹難隱身。携徒挈黨遠移徙。小臣爲國賊自喜。日遊帝城便淸淨。瓦鼓喧聲無我耳。自念爲臣儻如此。誅流配貶固其理。我今幸是忘且晦。得接王京無我駭。凡百士子書諸紳。行身愼勿近淫怪。(李奎報東國李相國集)

恭讓王三年。成均博士金貂上書曰。臣願回天聽。決宸衷。放巫覡於遠地。不與同京城。(東國通鑑)

第六章　李朝巫俗

僧巫祈雨。麗時已然。蓋古代非徒用巫祈雨也。凡祭天地日月星辰山川。以至祭風伯雨師。無不用巫爲之。然則朝鮮古巫。乃如埃及之祭司長。印度之婆羅門。而主祭祀祈禱等一切儀禮者也。一自三敎(儒與佛道)輸入以來。僧道巫覡乃爲並用於神事矣。

一　聚巫禱雨

按國朝寶鑑。太宗十二年。王敎政院曰。自古水旱之災。皆人君否德所召。今聚僧巫禱雨。無乃有愧乎。予粗讀聖經知佛巫誕妄。今反濕左道。以希天降甘雨可乎」云云。是與實錄之記事全然不合。君云此數果爲實行矣。則何以更於太宗十六年。有聚巫祈雨雩壇。遣巫名山。祈禳雷震十八年六月。漢京及開城。聚巫禱雨三日之舉乎。所謂國朝寶鑑者。乃儒臣史官之撰述。隱諱事實而粧撰美德。以欺天下後世者也。然則國朝寶鑑。其可信乎

成俔(成宗時人)慵齋叢話。論祈雨之儀式曰。城內萬戶。貯水瓶揷楊枝云云。仁祖實錄。有閭巷家家設水瓶揷楊枝。盲巫祈祀之說。此蓋出於佛俗。佛家謂觀世音菩薩。大慈大悲。救苦救難。以楊枝灑甘露。水瓶揷柳。僧巫祈雨。即此意也。李朝以來用巫禱雨。載在實錄。一一提供。以籍參攷。

太宗元年夏四月旱。聚女巫禱雨于雩祀壇。○五年夏五月。聚女巫禱雨于松岳開城大井。○十年夏五月己卯。聚巫七十餘人于白岳山堂禱雨。○十一年秋七月庚午。命禮曹。禱雨于山川諸神。又聚巫于白岳。盲人于明通寺禱之。○十六年夏五月庚戌。聚巫于雩祀壇祈雨。丙辰禮曹啓。文獻通考。神事祈禳。門執事禱祀于上下神祇。註曰。執事。大祝及男巫女巫也。今本年旱乾。加以雷震之變。乞依古制。於名山大川。遣巫祈禳從之。○十八年六月。漢京及開城留後司聚巫禱雨三日。

世宗五年癸卯夏五月庚辰。聚巫女于東郊。祈雨三日癸未禮曹據開城留後司關。啓今旱甚。禾穀焦枯。請令司僧徒巫女祈雨。從之。○七年夏六月己未。聚巫禱雨東郊。秋七月己巳禮曹啓。謹按文獻通考。小宗伯大烖執事禱祀于上下神祇。註云。執事。大祝及男巫女巫也。今當盛農。旱災太甚。乞依古制。京中幾內各處。以春秋別祈恩例。擇日遣巫及內侍。降香祈雨。從之。○八年夏四月乙酉。聚巫祈雨于雩祀壇。○十七年夏五月丁酉。聚巫祈雨于漢江。○十八年六月辛丑。聚巫祈雨。癸卯賜巫女等米有差。以祈雨有應也。○二十八年丙寅夏四月乙丑。聚巫祈雨。

成宗五年閏六月癸丑。賜祈雨巫女。行香別監咸纖重鹿皮一張。○十六年六月丙戌。傳于承政院曰。興天寺祈雨。雖非正道。然自祖宗朝行之。且予即位後亦爲之今以巫女祈雨。則雖使僧徒祈禱。疑爲無妨。於僉意何如。承旨啓曰。古云靡神不舉。聖上憂旱。靡所不至。況以巫女祈雨。自周以來行之。非今日始。固無妨也。

成俔慵齋叢話云。祈雨之禮。先令五部。修溝瀆淨阡

陌。次祭宗廟社稷。次祭四大門。次設五龍祭。東郊靑龍。南郊赤龍。西郊白龍。北郊黑龍。中央鍾樓街作黃龍。(畫龍)命官致祭。三日而止。又設龍祭於楮子島中。令道流誦龍王經。又投虎頭於朴淵楊津等處又於昌德宮後苑。慶會樓。慕華館池邊三處。泛蜥蜴於水瓮中。靑衣童子數十。以楊枝擊瓮鳴鑼。大呼曰蜥蜴。蜥蜴。興雲吐霧。俾雨滂沱。放汝歸去。獻官與監祭。整冠笏而立。三日而止。又於城內萬戶。貯水甁。插楊枝。焚香。坊坊曲々設棚。兒輩羣聚呼雨。又徙市於南門。閉北門。

中宗三十九年六月戊辰。傳于政院曰。今者以巫女祈雨而至於三日不止。賞格前例考啓。雖無前例。賞給事言于該曹。庚午政院啓曰。頃者。祈雨巫女賞格事有教矣。但自上憫雨。大小民人遑遑罔措。至使巫女祈雨而適雨。彼巫女之祈。安足以格天。而至於賞格。至爲未便。傳曰。巫女祈禱之際。適雨。連三日。當時童子祈雨而得雨。則亦有賞格。此人等亦奉上敎而爲祈禱。故命爲賞格。如此之事。果非正道。賞格未穩。啓意至當。如啓可也。

仁祖十六年戊寅三月晦日。禮曹啓曰。近來旱氣益甚將自開月初二日行祈雨祭。而至於盲巫兒童之祈祝家家甁柳之設。徒有弊端。一切勿爲擧行。閭巷甁柳等事。元非禮典所載。皆可斥去。答曰。甁柳等事。雖係煩文。乃是流來舊規。不爲停罷可也。(實錄止此)

英宗十一年。命去巫祭名號。巫女祈雨。載在太常祭案。至是去之。(文獻備考)

第七章　宮中好巫

一　太祖康妃與巫方兀

恭讓王四年壬申三月。太祖畋于海州。將行。有巫方兀言於康妃曰。公之此行。譬如人升百尺之樓。失足而墜幾至于地。萬人聚而奉之。妃深憂之。及太祖射獵逐禽馬陷泥淖而蹶。遂墜失豫。肩輿而還。(太祖實錄)

二　太宗時國巫治大君之病

太宗十八年戊戌春二月。刑曹請巫女之罪。啓曰。誠寧大君之病。國巫加伊。不能祈禳免禍。巫女寶文。不察病勢。淫祀雜神於宮闈。以致不測。請致於法。(實錄)

三　世宗朝大妃令巫祀星辰

世宗二年庚子夏六月辛亥。令巫祀星辰。乃大妃旨也癸亥。上奉大妃移次于纖巖下川邊。令巫祀神于幄次世宗嘗寢疾。內人等惑巫女言。祈禱於成均館前。儒生等驅逐巫女輩。中使大怒。啓其由。王曰。予聞此。予疾似愈矣。（燃藜室記述）

四　成宗病時大妃使巫禱祀

李穆少從佔畢齋金宗直受業。力學工文。十九中己酉進士。游太學。言論慷慨。志氣峻烈。辨覈臧否。無所回互。成宗嘗有疾。大妃使女巫行禱。設淫祀於泮宮之碧松亭。公倡諸生。杖其巫而逐之。巫訴諸宮中。大妃大怒。候上疾愈以告。上陽怒。命成均館悉錄其儒生名。儒生等以爲必獲大譴。爭亡匿。公獨不亡匿。王尋召大司成。教曰。爾能導率諸生。使士習歸正。予用嘉之。特賜酒。（海東名臣傳）

五　燕山君時宮禁巫女

燕山君八年壬戌六月癸卯。弘文館啓。臣等聞闕內鼓吹聲。命女往視。巫女四五輩。坐東宮外庭。擊鼓吹笛大張祀事。臣等未知某之所爲。但於禁內。恣行祀事。甚不可。（燕山君日記）

燕山君九年癸亥二月甲子。御經筵。持平權憲啓。巫女乞非多有怪妖之術。誑惑愚俗。污穢彝教。本府今欲拿

問。逃躱不現。但搜得鐃鈸及符呪四張而已。問諸家人則云內需司所造給也。乞非名爲國巫。而事涉內需司故敢啓。傳曰。問於內需司。乙丑傳曰。巫女事自古有之。臺諫有何所聞。而欲鞫之歟。其問之。持平權憲啓此巫多術。掛鏡房中。而曰神在其中。人自不見。有鍮器曰是飯佛之器。又能符祝以惑衆。其怪誕殆甚於虛雄。（虛雄者當時忠清道之妖僧也）故敢捕治其罪。傳曰。妖僧守命皆拜之。此非彼例。其勿鞫之。○持平權憲啓。昨傳曰。星宿廳置國巫。其來已久。臣等亦非欲革國巫也。此巫多以妖妄。惑愚民心。請治其罪。而教云非如妖僧虛雄之例臣等意彼僧在一方。其弊止於數邑。今若不治此巫之罪。將擧國崇信。其害過於妖僧。傳曰巫女皆用妖術。類皆如此。何必獨罪此巫。憲更啓。不聽。（燕山君日記）

燕山君十一年乙丑九月丙申。朴內人。原州妓月下梅也。解音律善戲謔。多中王旨。王眷愛特重。得病移寓別院。王每問病。及死。王悼之。贈麗婉之號。又設野祭于後苑。王率諸妃嬪興淸。（選妓稱曰興淸）親聽巫語。益自悲慟。比葬。設是祭不一再。王喜巫覡祈禱之事。身自爲巫。作樂歌舞。爲廢妃。（其母尹氏）憑依之狀。數登白岳祠行巫祀。宮中以爲廢妃爲祟。（燕山君日記）

燕山朝逐諸生空太學。聚巫覡設淫祀于其中。（燃藜室記述。）

我朝凡百文爲。一倣華制。彬彬可觀。而若夫巫佛祈祝尙有夷俗。故祖宗朝。自上有疾病。則僧徒巫覡。誦經設禱于仁政殿。且松岳神祠尤極崇奉。神祠行禮後。巫女設宴。則開城留守入參。至於與巫女歌舞。巫女來神祠所用什物皆驛遞官供。成廟始用言者言罷之。中廟己卯年間。儒者進用。雖近一歲而國俗大變。自是之後。冠婚喪祭稍遵式禮矣。（中欽象村謾言）

六　中宗時國巫乭非出入宮掖

中宗十年乙亥閏四月乙亥。時國巫乭非。出入宮掖。或禳災或祈恩。無所不爲。凡宮禁財貨。以至御衣。多歸其家。至是。憲府推鞫罪之。時人稱快。但臺官。以御衣處置爲難。戊寅弘文館副提學申鏛上箚曰。頃者刻日移御。事甚蒼黃。宮禁事密。莫知端由。聲巫以禳除之符呪以怖厭之。以此料之。意必有邪怪之事。見於禁中爲然耳。（實錄）

七　明宗時宮禁好巫

松岳神祀。自國初始盛。其弊滋蔓。官府亦有與巫對舞者。（以上亦見申欽象村集。）成廟朝。大臣建白嚴禁。而戚里貴家。猶踵前習。市井富商。競誇侈靡。百里彫載。聲樂盈路。一設之費。盡傾中人一家之產而不足。至文定王后。（明宗母后）時。極焉。中宮宮女絡繹於道。廚供不貲。男女塡咽山谷。留連屢日。頗有穢聞。府居生員姜姓者。倡率儒生四十餘人。焚燒神屋。毁裂像設。蕩然無餘。文定震怒幷命拿致。欲加重罪。因繫累累。章甫滿獄。留守沈守慶。亦以不能禁抑罷譴。三司交章請放者逾月。慈怒未解。明廟乘間屢諫。始許放釋。諸巫恐動必有鬼譴。其後姜姓壽考無災。儒生登司馬文科者亦多。群惑頓釋淫祀廢絕有年矣。後乃稍稍復設。至今遂成痼弊。不勝歎哉。（李德泂松都紀異。）

八　宣祖時妖巫出入宮中

宣祖八年。仁順王后違豫。時有妖巫出入禁中。專以祈禱幻惑爲事。停廢藥餌。馴至大故。所謂妖巫者。是士人之女。而宗室堯卿妻也。三司同發請治。乃命下詔獄鞫治。（文獻備考）

九　光海君時妖巫出入宮中

光海主時。承旨韓孝仲。疏陳妖巫福同出入宮中之狀（韓公年譜）

十　仁祖時巫女交通宮掖

仁祖二年九月甲子。大司諫金尙容。司諫鄭宗溟等。上

劄曰。臣等竊聞巫女。最爲妖怪者。反正之後。長流邊地頃因赦宥。得還京城。復通宮掖之路。稍有傳播之言。(實錄)

十一　孝宗時喪儀巫祝

孝宗九年戊戌五月辛亥。上親臨麟坪大君喪。憲府啓曰。臣等。伏聞政院。以儀注中巫祝桃茢執戈等事。處請云云。(實錄)

十二　肅宗時宮禁巫女

肅宗元年。王患痘。外間傳宮中將迎巫神。時。明聖大妃寢疾。后弟金錫翼錫衍等。請禁之。大妃驚曰。豈有是耶。遂召女官之掌宮中事者詰之。仍教曰。毋擅作擾亂。(文獻備考)

肅宗十年甲子正月丁巳。特命妖巫莫禮。減死島配。先時儒臣朴世采。疏以巫女入闕中行禱。借著衰服等事命刑曹按治。因刑曹判書尹堦所達。以三退神等說添問之。並抵賴不服。命刑訊一次定配。近世禱祀成風。閭里小民及諸宮家。尤最崇信。遂至於巫卜師尼之屬。出入宮掖。恣行誑詐。內言之出。外言之入。亦太半由是徑焉。識者發歎久矣。向來王之患痘也。舉國憂惶。況先大妃至誠憂疾。無所不用其極。故當初巫女入闕中祈禳之說。傳播遠邇。及聖母昇遐。尤切齒。以爲當王違豫時。巫女請聖母御素餐損常膳。致玉體焦傷。遽至不諱。世采上疏首發之。王初謂無是事。大小廷臣屢爭之。而竟至流配。(實錄)

肅宗三十七年辛卯十二月甲戌。執義李縡上疏。略曰臣竊聞前後痘患時。女巫出入宮掖。祈禱之際。靡費不貲。士大夫家法稍嚴。則巫覡不敢入家內。今以堂堂千乘之尊。而乃使女巫。闌入清禁。閭巷賤庶。妄相傳說云云(實錄)

十三　英宗時大內主巫

李瀷(英宗時人)星湖僿說云。自大內而至州邑。皆有主巫。(按出入大內者曰國巫女。出入州邑者曰內巫堂也。)出入隨意。民風靡然矣。

英宗四十一年乙酉十二月癸亥。王於診筵教曰。凡閭巷之有疾病者。輒用巫覡。果無益。醫藥實有效矣。都提調洪鳳漢曰。閭巷富貴者。每或有此。而帝王之家。尤可戒也。上斥去此輩。乃盛德事也。(實錄)

十四　高宗時李尹二巫及壽蓮

高宗時。有二巫女。一李姓。一尹姓。自稱關聖帝君神托於己。帝君降筆賜號。李姓女曰眞靈君。尹姓女曰賢靈君。賢靈君奉關廟在二宮洞。俗謂二宮大監殿內神者是也。眞靈君以內命居住宋洞之北關廟。俗稱眞靈君大監出入宮禁。弄權用事。乾兒無數。方伯守宰多出其袖中矣。李尹之後。又有女巫壽蓮者。出入宮掖。祈禳災。其二子皆爲高官焉。

第八章　巫覡所屬之官署

按李朝上世。置國巫於星宿廳。恐此制沿自麗朝。而是則巫與道教有關聯者也。置巫覡於活人署。委以救療病人之事。是則巫與醫術有關聯者也。蓋古者巫主醫藥。見于山海經。故醫字從巫。李朝用巫治病。亦非偶然者也。

一　星宿廳置國巫

成宗九年戊戌九月丁亥。弘文館副提學成俔等上疏略曰。今世之人爭信鬼神。凡有吉凶禍福。一聽於巫。或畫像掛錢。或邀魂入室。或趁聽空唱。或親祀城隍。或施納奴婢。是皆聖朝所禁。而著於續典者也。殿下深知其弊。又令法司。盡刷巫覡。放于城外。伏覩近日禁令稍弛。自城外漸還入城。誑誘婦人。糜費酒食。或稱度厄。或稱救病。雖大家巨室。皆邀而致之。競爲淫黷。恬不知愧。未聞一人。以此而獲罪。鼓笛歌舞。不絕於衢衖閭閻之間。此臣等之所惑也。傳曰。以身教者從。以言教者訟。所令反其所好而民不從。今星宿廳尙在城內。祈恩使春秋不絕。以此而禁民不亦左乎。至於星宿廳是何禮也。神非明神。祀非正祀。亦王政之所當先去者也。伏願殿下。廓揮剛斷。整頓風俗。使邪淫妖妄無容於聖明之下。此亦臣等之所望也。實錄

燕山君九年癸亥二月甲子。傳曰。星宿廳置國巫。其來久矣。又十二年丙寅三月乙未。傳曰。星宿廳都巫女及隨從巫女。除雜役。並燕山君日記

中宗元年丙寅十月庚午。弘文館副提學李胤等上疏請昭格署星宿廳之類。並皆革罷。實錄

二　東西活人院置巫覡之動機

世宗十一年三月癸巳。禮曹啓。今與政府諸曹同議。各官各里民戶。使近居巫覡分掌之。如有熱病之戶。守令令醫生及巫覡。考察救療。如或不思救治。隨即論罪。及年終活人多者。減巫稅或蠲賦役。若病家貧乏無救療之資則以國庫米穀。依京中活人院例。一日給米一升。及歲抄以病人之數。報于監司。以憑會計。從之。實錄

三　東西活人院置巫覡之議論其一

世宗十八年夏四月丁丑。召三公黃喜崔潤德盧閈等議事。其一曰。今司憲府所推妖巫七人。能使鬼神。唱於空中。有似人語。令人眩惑。據律當絞。然。前此未立

禁章。不可一朝遽罷於法。玆欲放黜于外。且立禁章。以檢其弊何如。僉曰。放黜于外。則愚民尤爲易惑。且禁防未嚴。弊必倍之。莫若屬東西活人院。制其出入。使不得相通。又令憲府無時檢察。如有犯禁。嚴加糾理。其在外妖巫。亦令推劾決罪。良女則屬官府。私賤則給本主。守令時加檢察。使不得肆行。王曰昔太宗朝。亦有妖巫。放逐于外。使不得雜處京城。今卿等曰外方妖巫。當定屬官府。而令守令檢察。則京中妖巫。亦依此例於自願各官。分置禁防。何爲不可。且前此未立禁防。而遽以決罪。予心未安。黃喜崔潤德曰。若不照律。遽赦之。則妖巫無以知其罪之重也。照律使知其罪。以特恩減等決罪。留置活人院。則仁威兼行。妖巫自息矣。實錄

李能和曰。據上文。則巫亦有良賤。盖巫無種耳。

四 東西活人院置巫覡之議論其二

世宗二十六年九月癸巳。掌令趙孜啓。淫祀之禁。屢降教旨。且載元典。今又立禁防。至爲嚴密。然國巫猶在是根本不絕也。請黜之遠方。使不得售其妖術。王曰。淫祀之禁。創自祖宗。巫女之輩。尚未殄絕。予豈敢遽革哉。雖立法。行之爲難。孜更啓曰。巫女之禁已嚴。今又盡黜者外。立祖宗未立之法。則豈不益有光乎。若不得遠黜。則聚居東西活人院之側。以救病人。毋令得入于京。王曰。凡立法。爲可行也。不可立不可行之法也。實錄

五 東西活人署置巫治疫

世祖五年六月丁巳。傳于戶曹禮曹漢城府曰。閭閻疾疫盛行故令醫巫賫藥救療。己下傳旨。而今聞官吏慢不致意。殞命者多。甚不可。其盡心救之。都城人家櫛比一家得病。轉轉相染。亦可慮也。庶人賤隷之病者。盡出置于東西活人署。其加治療。其物故者隨即埋瘞。毋或棄屍近城處。實錄

六 東西活人署多屬女巫

中宗十一年五月癸丑。御晝講。侍講官柳灌曰。國家使女不巫得入城內。然多屬東西活人署。不去其根而欲禁之。得乎。實錄

七 東西活人署案付巫女

中宗十二年九月丁亥。司憲府啓曰。東西活人署案付巫女。及五部刷出巫覡等。並於去京城二百外里各官從願分配。實錄

八 東西活人署籍巫收稅

中宗十二年九月辛卯。御朝講。中用溉啓曰。東西活人署籍巫女。以收其稅。此可革也。實錄

九 東西活人署屬巫女之建議

中宗十二年九月辛卯。御朝講。掌令鄭順朋啓曰。巫女屬于東西活人署。本意則欲以治療病人也。然不可以此類使有所屬也。丙申檢詳柳墩以勿收巫稅布。及勿屬東西活人署等事。收議以啓。申用漑金詮李繼孟等議勿屬東西活人署可也。（實錄）

十 京巫女出置活人署

肅宗十三年。驅出巫女於活人署。不得接跡於城中。（文獻備考）

十一 閼巫署或倂於活人署之說

本朝有閼巫署。刱革年代未詳。而今則巫覡屬於活人署。革罷時。或倂於活人署者歟。（英祖時人李肯翊撰燃藜室記述別集。）

十二 〔參照〕東西活人署之沿革（京城傳染病之醫療機關）

李朝太宗十四年九月丙子。改施惠所爲歸厚署。東西大悲院爲活人院。（實錄以下並同、）

文獻備考云。本朝太祖元年。因麗制。置東西大悲院。復改爲東西活人署。掌救活都城病人。定提調一員。別提四員。叅奉二員。後減別提二員。肅宗三十五年。減叅奉二員。屬惠民署。吏屬。書員四人。庫直二名。使令二名。

世宗二十七年冬十月丁丑。議政府據禮曹呈申。今墨寺僧。請修病人汗蒸沐浴之具。然。東西活人院。既已設置。以治疾病。墨寺間在閭閻。不宜僧居。且其汗蒸沐浴本無異效。請壞墨寺。汗蒸沐浴之器。及立寶米布分與東西活人院。奴婢令刑曹區處。材瓦修葺倭館

世祖二年三月。集賢殿直提學梁誠之上疏。一。禁服妖今國中女子喜着長衣若男子然。或以長衣著於衣裳之間。轉相慕效。擧國皆然。此即所謂服妖者也。乞命有司。定限禁止。其如前穿著者。收其衣分置東西活人院。以爲貧者之服。

世祖十二年丙戌正月戊午。更正官制。東西活人院改稱活人署。置叅奉一。

大典會通〔活人署〕〔原〕掌救活都城病人（提調一員叅奉醫員還兒兩都目）別提二員。（從六品〔原〕四員〔續〕減二員）叅奉二員。（從九品）

十三 活人署中廢復設

光海 吾四年壬子十二月戊申。禮曹以活人署復設事。（壬亂中廢）啓曰。本曹方欲稟。而言官啓辭適蒙允。聖敎又極丁寧其惠鮮之意至矣。預備救療之責。唯在於復設。東西活人署。差出官員及醫員。令該司優備藥物。趁即救活各部染病之人。宜一一報該司。出置安接何如傳

曰允。活人署官員。以行事該鍊人。十分擇差。提調並爲差出。使之管攝。光海君日記

仁祖二十二年甲申。命給東西活人署病人糧饌。是時經年疫癘。轉相薰染。兩署所置病人幾至八百餘人。○二十四年乙酉正月癸亥。下敎于政院曰。東西活人署染病人出幕者幾人乎。政院啓曰。兩署出幕病人六百九十六人。死者八人。永差者二百七十人。時留病幕者四百十三人時京師癘疫連歲大熾。閭巷間無乾淨之家。死亡者亦不知其數。而東西活人署出幕救活者。皆士大夫僕隷也。活人署官員有希賞之計。物故之數不以實聞。政院不能察。且亦視之尋常。別無申明救活之擧。實錄

孝宗元年庚寅三月戊辰。下敎曰。近日。活人署病人。其數幾何。政院啓曰。招問東西活人署官員。則以爲兩署病人各五十餘人云。且問其救療之狀。則以爲藥則取用於醫司。而糧則自備云矣。答曰令宣惠廳給料。實錄

肅宗二十四年戊寅十二月庚戌。諫院啓曰。惠民署之設。本爲救活民庶。而卽今癘疫大熾。死亡相繼。頃日儒臣以令醫司持藥物救療之意。陳達蒙允。而伏聞該司恝然無擧行之事。以致無告殞斃之慘。愈往愈甚。其。怠棄職事慢忽將命之狀。誠極可駭。請本署提調從重推考。當該醫官。令攸司摘發科罪。今後出幕之類。持藥物救療事。更加嚴飭擧行。東西活人署之設。專爲救活病人。而近來染病出幕之類。本署之官置之度外。下人專無顧見救療之事。以致死亡相續。設官分職之意果安在哉。請活人署官員汰去。書員庫直囚禁治罪。王並從之。實錄

英宗八年。敎曰。自祖宗朝。置活人署於都之東。都之西。其爲民之盛意。垂至于今。而世遠綱弛。今則徒有名而無實。況若此之時。尤豈不各別飭勵。飢者當付賑廳。病者當付活署。民有飢斃。乃賑廳之責。民或病斃卽活署之咎也。雖飭活署。徒手豈活。分付備局相當藥物分給活人署。病雖瘳。饑必斃。頃者。賑廳雖已草記允下。更飭賑廳。文獻備考

英宗二十年續大典云。京巫女屬活人署。

英宗四十六年庚寅正月癸酉。王御資政殿。行常叅。朝講。講訖。領議政金致仁曰。設置惠民署。出於醫藥濟民疾病。而舊法全廢。惠不及民。甚無謂也。矧今病氣熾盛。病者相續。請令五部。活人署所須藥餌。隨即報本署覔給。俾有實效從之。實錄

正宗四年庚子九月己亥。書講。活人署提調黃景源。以特進官入對。啓言。活人署當初設立。蓋以都下人民。若有癘疫。則使之救活。而但本署元無財力。京巫若干身布。自本署收捧。以給員役一年料布。先大王甲午。罷女貢。故京巫女貢亦隨而罷。特賜平安道別餉庫錢五百八十兩。命上送均役廳。自均廳給代于本署矣。昨年因經筵官宋德相言。復捧巫女布。故均廳錢給代。亦停罷。而京巫女旣逐送外方。無以收貢。故本署員役一年料布。更無出處。臣意則國家旣設惠署。救療病民。不必又置活人署。權減爲宜。批曰。近來但有署號。果無實事不但廢活人之擧。幷與員役接濟而廢之云。則依卿請許施。似無所妨。而予所持疑者。遽然革罷。恐乖愛禮之義。亦非循名之政。第令廟堂稟處。後於次對。領議政金尙喆啓言。活人署勢不可仍置。則革其衙門。付之惠民署。誠得宜。而若以存羊之義。猝不可罷。則案付巫女。並屬地部。一體捧稅。該署給代。依前日均廳擧行爲宜。右議政李徽之曰。活人署若革罷。則實非存羊之義。戶曹判書金華鎭啓言。京城巫女向旣逐出江外。巫稅則自該邑徵納宜矣。（實錄）

高宗六年己巳。六典條例成。活人署條云。

活人署救活都城病人。○提調一員（從二品）。別提二員（從六品）。○恭奉二員（從九品惠民署。醫官遞兒）吏隷（書員二人庫直二名使令五名駈從一名）

救療病人有無多少。庫直報于本署。每月朔望。轉報漢城府。病人藥物報禮曹知委兩醫司。量宜入排。○外署結幕所用。自戶曹知委繕工司軍資監廣興倉進排。

〔捧用〕均役廳給代錢五百八十八兩。豊德位田稅租三石。藁草三同。（堂郎紙債。員役朔料。與各様用下。）

文獻備考〔續〕活人署條云。（高宗）十九年罷。

第九章 巫業稅及神稅布（古者以布代貨幣）

按高麗史「忠惠王後四年。分遣惡少。或收山海稅。或徵巫匠業中貢布。」至于李朝世宗初年。亦徵巫業稅布。見于實錄。恐是承襲麗制者。而至英宗二十年續大典中。明載巫女每名收布一匹。視爲國庫收入之一款項。而與正貢同矣。

一 世宗時巫稅

世宗五年夏六月戊辰。戶曹啓。議政府受敎內。巫女業中稅奴婢身貢魚箭行狀稅等項。一應楮貨之用。加數施行。從之。（實錄）

世宗八年夏五月戊午。戶曹啓。敬奉傳旨。江原咸吉兩道神稅布之貢。他道所無。欲除其弊。磨勘以聞。今詳兩道俗尙淫祀。戶各用布爲神幣。巫覡之徒誑誘愚民以專其利。誠宜痛禁。然習俗已久。似難一禁。請除民戶收斂。其巫覡所通民戶悉令罷蠲。殘殘戶鰥寡孤獨外。其餘各戶。每戶計其一匹當巫覡之家。收其四分之三。若京中上納之數太多。則又有各官重斂之弊。今將江原道歲貢元額二千匹。咸吉道二千五百匹。各減一千匹。從之。實錄

世宗十一年三月癸巳。禮曹啓。今與政府諸曹同議。各官各里民戶。使近居巫分掌之。如有熱病之戶。守令令醫生及巫覡考察救療。如或不思救治。隨即論罪。及年終活人多者。減巫稅。或蠲賦役。從之。實錄

世宗十五年十二月。傳旨咸吉道防禦最緊。今又加營鎭。財用不可不備。其以江原道神稅布轉輸。實錄

二　文宗時巫稅

文宗元年辛未夏四月。司憲府啓。江原咸吉道歲收神稅布。此實無名之賦也。其民間祀神之布。其所備不計長短。徵納之際。必令準一匹。且其祀神之布。皆歸巫家。今既收巫稅於民。故必備稅布而納之。實爲未便。況立淫祀之禁。而反徵其稅。不亦頗乎。況輸於國家者少而率爲守令監司所濫用乎。縱不能盡革巫覡之風。只徵巫稅。勿令平民納神稅布。不允。實錄

三　世祖時巫稅

世祖元年乙亥閏六月甲申。鐵原府使安自立上言。本府及安峽舊屬京畿。民間不用布祀神。自移隸江原以來。例收稅布。安峽則已許蠲免。而府獨如舊。請幷蠲免。從之。實錄

四　中宗時巫稅

中宗十二月九年辛卯。御朝講。申用漑啓曰。東西活人署籍巫女以收其稅。此可革也。外方巫稅。亦可革也。知事張順孫曰。巫覡之事。果如用漑所言。且外方則有神堂稅布退米稅。此皆收之於巫覡者也。可以勿徵也。○傳于政院曰。巫女神堂布稅事。雖爲抑末而收之。然不當收之也。巫女亦勿屬活人署。○乙未。政院以神布神堂退物勿徵傳旨入啓。傳曰。今視柳沃之疏。亦言神布之弊。初立此法者。欲其禁抑也。若以爲恒規。而徵納。則似導巫覡之事也。且活人署巫覡革罷事。亦新立法之事。亦議于大臣可也。○丙申。檢詳柳墩。以勿收巫稅布神堂退米及勿屬東西活人署等事。收議以啓。鄭光弼崔淑生等議。此雖非良法。然祖宗非爲征稅也。亦是

禁抑之一法也。今若不能禁斷其淫祀。而只勿收其稅則淫祀自若。而其資生則漸益饒足。因祖宗之法似當矣。且守令則不知本意。以爲必征其稅。雖非眞巫而亦冒屬巫案。以收其稅。如此者可已也。若痛斷淫祀。永絕根本之後。無巫可稅。則收稅之法。始可罷也。若先罷之。則是助其生業而已也。申用漑金詮李繼孟等議勿屬東西活人署。勿收稅布及神堂退米皆可也。○丁酉。傳曰。勿收巫覡布等事。大臣之議不一。可於後日更議歸一。○領相鄭光弼議啓曰。巫覡之事。當痛斷其淫祀而已。不必改祖宗之法。守令則不知本意。以爲巫覡不可無。而若有死亡。則必充其數。以征其稅。是則可禁。申用漑啓曰。臣意以爲收稅布有似不禁。當一切罷之。然則根本已絕。可能禁抑其淫祀。故前日亦以此啓矣。傳曰領相之言當矣。當勿罷其稅。而痛斷淫祀。且勿令苟充其數可也。（實錄）

中宗十三年春正月戊午。御朝講。持平李佑啓曰。聞全羅道羅州錦城山神堂退米。多收而納諸歸厚署。今方禁斷淫祀之時。而有如此之稅。是自上敎之使爲也。羅州牧使以其狀呈報戶曹及本府。其呈文曰。米無出處故分徵於巫女云。（時牧使權希孟。嚴禁淫祀。其民不得上錦城山神堂以祀之。而朝廷猶不去退米之稅。神堂則無復有前日所收之米。故不得已分徵於巫女。）王曰。此類之稅。己令勿收矣。此獨不及燭耶。當審處之。○己未傳曰。禁民巫覡淫祀。而猶稅其退米。甚不宜於義。一切勿稅也。承旨李耔仍啓曰。所敎之意至爲美矣。但歸厚署及東西活人署。送終活人之費。皆出於此。且巫覡淫祀雖禁之。亦不可頓絕而不收其稅。則恐國計虛踈也。傳曰。神堂稅布米。可一切勿收也。其以爲不可棄者以禁抑之意而然矣。亦可言于該曹。使爲公事以報府而處之也。（實錄）

五　魚叔權稗官雜記巫布記事

稗官雜記云。俗傳官府收巫布甚重。每官差到門。隳突一家。蒼皇奔走。具酒食以勞。乞緩程期。如是者間日或連日。苦海多端。適歲時。優人作此戲于御庭。於是命除其稅。

六　續大典巫女稅布

英宗二十年續大典（戶典）（雜稅）。外方巫女錄案收稅。每名稅木一匹。依大同木例。五升三十尺爲準。作役價亦同。○咸鏡道明川以南。則正布亦五升。以錢代捧則一匹代二兩五錢。○兩西巫女稅全數營餉會錄

七　星湖僿說巫稅記事

李瀷（英宗時人）星湖僿說。國語民之精爽不携貳者。則神明降

之。在男曰覡。在女曰巫。今世巫覡。遍於國中。其所降之鬼神邪魔之類。氓俗作樂祈祝。謂之神事。法不能禁非不能禁。有以勸之也。凡巫女有賦。官利其物。巫財所出何從。從所祝也。如是而禁之難矣。周官立巫。意者。古者崇信鬼道。有災必禱故爾。今國家祀典不用巫其儀極正宜斥絕之不暇。又何收賦之爲乎。旣收賦矣又罰其事鬼。厚瀆而利於官。非禁也。意在錢布之入。於是。自大內而至州邑。皆有主巫。(宮巫名曰國巫。州郡主巫名曰內巫女。或內巫堂是也。)出入隨意。民風靡然矣。巫之有神來降。此即人爲之。非鬼所降也。古者有覡有巫。今只有女巫。蓋出入外內親近謀利。男不如女。故男巫遂絕。

八　燃藜室記述巫布記事

李肯翊英宗時人燃藜室記述。平論曰。我東自京遍八路。巫覡之盛殆甚於南楚。以婦女及愚氓。誠信而勤事之故也。耗財敗俗。輕蔑國綱。使閭里淫哇厖亂。未有甚於此。列邑守宰中。或有深惡之者。必欲驅逐痛禁。而有每年受用巫布之利故。貪慾而不敢治。咄哉。

九　正宗朝巫布

正宗四年庚子九月己亥。活人署提調黃景源啓言。活人署元無財力。京巫女若干身布。自本署收捧。以給員役一年料布。先大王(英宗)甲午罷女貢。故京巫女貢。亦隨而罷。自均役廳給代于本署矣。昨年因經筵官宋德相言。復捧巫女布。故均廳給代亦停罷。而京巫女旣逐送外方。無以收貢。故本署員役一年料布。更無出處。戶曹判書金華鎭啓言。京城巫女向旣逐出江外。巫稅則自該邑徵納宜矣。

正宗九年乙巳。大典通編云。京城巫女逐出江外。收布今廢。

十　北關巫布

洪良浩正宗時人耳溪集北塞謠云。北俗好鬼神。男巫謂之師師者衆所尊。爾名焉取斯。醫師教卜筮。禪師教念佛。怪底人誰學爾術。墦間酒食僅一飽。細布緜絲從何出北關男巫例貢細布緜絲故云。

十一　神稅記事

鄭東愈正宗時人晝永編云。輿地勝覽言玄風有祠。稱靜聖大王之神。祈禱輒應。故祭之者輻湊。其紙布輸于活人署夫愚民之惑於淫祀。浪費紙布者在法當禁。設令不禁烏可以看作正稅。以爲公用也。國初治明之世。恐無是理。設有此事。必出於一二官員誅求之謬例。如今豊德物山崔瑩祠祈禱之物。以補官用者也。決知非令甲

二三

所載。此必編書之時。未及周思而誤錄者也

十二 純祖朝巫稅

萬機要覽(純宗時奉敎撰)財用編巫稅條云。京畿三南江原道巫女錄案收稅。每名稅木一匹。(以錢代納三兩五錢)咸鏡道南關。則每名五升正布一匹。以錢代納。(英宗辛酉。因本道狀啓。每匹減一兩以二兩五錢定式)北關則州倉會錄。兩西則管餉會錄。京中則屬之活人署矣丁酉並逐江外。稅納錢自均役廳給代。(京畿三十二匹。公忠道三同二十六匹。全羅道八同十五匹。慶尙道十同二十二匹。江原道一同十一匹。咸鏡道二同二十九匹。)

第十章 巫兵之制

高麗末。有令巫出馬以充軍用之事。而李朝末有以巫爲兵之事。曰忠翊衛巫兵。曰攔後砲手。曰巫夫軍牢等是也

一 忠翊衛巫兵

正宗即位丙申八月庚寅。東萊府使柳蘂上疏曰。本府有大憂。曰軍兵之剏設也。所謂剏設者。忠翊衛巫女寺奴爲六十六名。……乞蠲身布之軍。而特令道臣移定各邑。其餘忠翊衛巫女等一切丁額。並許爲臣府軍總(實錄)

二 攔後砲手

高宗九年壬申五月。許施忠淸水營設砲科之請。議政府啓言。即見忠淸水使李奎顏所報。則精抄道內巫夫中精砲者三百名。名以攔後砲手。設廳立番事。請依報許施。允之。(日省錄)

三 巫夫軍牢

朴齊絅近世朝鮮政鑑云。丙寅洋擾既受敎訓。大院君乃大修武備。設局鑄巨砲製硝藥。以八道俳優遊藝之屬(俳優亦云廣大即巫夫也)編伍。演砲技。號曰攔後軍。分布州郡能和生長於槐山郡。幼時見郡守外出時。一般官屬皆隨從而其中衣紅者曰巫夫軍牢。巫夫使令。或吹角演技。或持杖前導。蓋異其服色而區別賤役。而是即大院君執政時以各郡所在俳優編伍而名曰攔後軍者也。

第十一章 禁妖巫及淫祀

一 太祖時禁妖巫

〔卜大伏誅〕太祖七年戊寅夏四月庚寅。妖人卜大伏誅。卜大文州人。服女服爲覡。惑亂愚民。(李朝實錄)

二 太宗時禁淫祀

〔內行祈恩〕太宗十一年夏五月癸未。禮曹上報祀之制王命禮曹曰。松岳德積紺岳等名山之神。修祀文。遣官行禮。自前朝以來。稱內行祈恩。每當四節。兩殿使

內臣司鑰與巫女。暗行無名之祭。至今未已。不合於禮。爾等考前朝祀典所載。終始本末。悉書以聞。予當以禮行之。實錄

〔命罷祈恩〕 太宗十一年夏五月甲戌。命禮曹。定德積紺岳開城大井三聖朱雀等處春秋祈恩。每令宦寺及巫女司鑰祀之。又張女樂。至是王曰。神不享非禮。令禮官博求古典。皆罷之。內侍別監奉香以祀之。禮曹啓近有旨松岳白岳紺岳等處。令別監奉香行祭。考於曹月令岳等處。春秋有祭文有別祈恩。是疊行也。王曰。別祈恩行之久矣。不可廢也。實錄

〔罷祀朱雀〕 太宗十一年十二月罷祀朱雀于南方。禮曹上言考諸祀典。朱雀之神不宜獨祀南方。命罷之。實錄

〔巫覡祭馬神〕 太宗十三年十一月。禮曹上言。司僕寺以巫覡祭馬神。淫祀也。請自今祀馬祖馬步馬社先牧之神。令司僕官受香以祭。從之。實錄

〔巫女寶文遠竄遐方〕 太宗十八年春二月。刑曹請盲人巫女之罪。啓曰。盲人卜者。不精其業。乃以誠寧延命啓聞。且國巫加伊。不能祈禳免禍。巫女寶文不察病勢。淫祀雜神於宮闈。以致不測。請皆置於法。命除盲人及加伊外。寶文依律處罪。下旨刑曹曰。巫女除流三

千里收贖。只於外方付處。痘瘡祀神。世俗之大忌。故罪之。初誠寧大君患瘡疹之疾。不可以酒食祀神也。寶文設酒食祀神。故有是變。乃下寶文于刑曹治之。於是司諫院上疏。略曰。巫女寶文貪得財貨。恣行邪道於宮中。以致大變。罪干不忠。請上裁施行。其寶文之罪。依律科斷。國巫加伊。亦竄遐方。以懲其罪。柳庭顯朴訔等啓曰。寶文付處遐方。恣行邪術。外人服從。然則安有窮困之戒乎。請定遐方官婢。以懲其惡。乃配寶文慶尚道蔚山郡爲官婢。未行。誠寧跟隨之徒。毆寶文潛殺之。實錄

三 世宗時禁妖巫淫祀

〔王子之命懸於巫手乎〕 世宗元年己亥春正月。刑曹啓誠寧大君家奴十八。以巫女寶文妄行救病。乃致誠寧之卒。打殺之。請鞫治罪。王曰誠寧決席。始於晦日。姑停勿問。實錄

〔乞禁巫覡宰牛祀神〕 世宗七年八月。咸吉道察訪辛引孫啓。本道風俗。崇信巫覡。必宰牛祀神。且爲宴客之供。口腹之養連綴屠宰。一歲宰牛不啻數千。民俗習以爲常。雖有法令。漫不知改。乞令攸司嚴立禁防。實錄

〔禁淫祀疏〕 世宗八年十一月丙申。司諫院上疏曰

鬼神之道。作善則降之百祥。作不善則降之百殃。然則降福降殃。莫非爲善惡之致然也。豈有諂神邀福之理乎。而況非其鬼而祭之乎。古者天子祭天地。諸侯祭山川。大夫祭五祀。士庶人祭祖考。各有等級。而不相祭也。恭惟我國家制禮作樂。文物悉備。至於祀事。亦皆參酌古今。勒成令典。禁淫祀之令載在元典。然民習舊染。尙鬼之風猶有未殄。酷信巫覡妖誕之說。死生禍福皆神所致。淫祀是崇。而或家或野。無地不作。酣歌恒舞。無不爲已。以至越禮犯分。山川城隍人皆得以祭之。甕飮糜費。傾家破產。一遇水旱。則輒有飢色。流弊可慮。非唯細民爲然。卿大夫家率以爲常。曾不爲恠。或稱祈恩。或稱半行。諂瀆鬼神。無所不爲。至使其祖考之神。見食於巫家。神其有知。其肯享之乎。甚者率其婦女。躬自祈禱。恬不知愧。非徒昧於鬼神之理。亦失其正家之道也。其尊祖敬宗之禮安在。敬鬼神而遠之之義亦安在乎。原其所自。豈非國家既設國巫堂。而又於名山遣巫致祭之故歟。人皆藉口。縱意逞情。略無忌憚。實有累於盛治也。山川城隍各有其祭。而又設厲祭。咸秩無文。則靡神不擧至矣。今知巫覡所祀。未知其何神也。此臣等之所慽也。傳曰。上有好之者。下必有甚焉者。未有上行而下不效者也。伏望殿下。特下俞音。停罷國巫堂。每於祈恩。亦遣朝臣。以禮祭之。以斷巫覡之妖誕。以從下民之耳目。實錄

〔疏禁神祀〕　世宗十二年五月乙巳。司憲府啓。會飮則已曾禁之。而神祀無禁。故無識之徒。托以神祀。多備酒食。聚會男女。沈酗糜費。以至歌舞街衢。甚爲放恣。請自今。雖神祀家內。男女外。禁其雜人。從之。實錄

〔禁野祭〕　世宗十三年八月。司憲府啓。無識之徒。或於邪說。凡有疾病死亡。輒行野祭。以爲非此無以解祟。男女成羣。招集巫覡。盛設酒肉。壞禮敗俗。莫此爲甚。請令守令。嚴加禁理。如有犯者。官吏及里正長色掌。並治其罪。從之。實錄

〔禁妖巫事豆朴神〕　世宗十八年夏四月乙亥。有人書往古被誅將相姓名於紙。懸之木竿。號稱豆朴神。豆朴俗語顚仆之類每里轉相傚倣。愚民驚惑。以次祀之。爭出紙布。不少客惜。龍仁縣守張義執而燒其紙榜。王聞之曰。不圖當世。有此怪事。卽遣少尹李補丁副正閔孝懽。往推始爲妖神者。若有所聞。勿論其職。直行考訊。補丁等承命推覈。至陽城。乃得始作之人姜流豆朴豆彥崔雨。壬辰議于政府曰。陽城人姜流豆朴豆彥崔雨等。造爲妖

術。號稱豆朴神。據律爲首姜流豆當絞。朴豆彥崔雨杖一百流三千里。其左道亂正之罪。關係至重。當依律科罪以戒後來。然前此無知愚民。妄稱豆朴神。其來已久近日妖巫等。律當處死。並皆原免。只黜于外。姜流豆等亦妖巫之類耳。原其情則不過畏慕禍福。祈禱於神而已。又當旱災。不忍重論。將欲末減施行。僉議以啓僉曰。首從各減一等可也。王乃減二等。（實錄）

〔漸除巫覡之事〕 世宗十八年夏四月丙子。敎今後勿行松岳白岳等各處中宮別祈恩。及箭串司僕寺馬祭王曰。巫覡之事甚怪。宜當痛禁。然始於中古而祖宗所未盡禁。豈敢遽革於今日乎。予當漸次除之。以開小貞之端。（實錄）

〔處置妖巫議及三公〕 世宗十八年夏四月丁丑。召黃喜崔潤德盧閈等議事。其一曰。今司憲府所推妖巫七人。能使鬼神。唱於空中。有似人語。令人眩惑。據律當絞。然前此未立禁章。不可一朝遽置於法。玆欲放黜于外。則愚民尤爲易惑。且禁防未嚴。弊必倍之。莫若屬東西活人院。制其出入使不得相通。又令憲府。無時檢察。如有犯禁。嚴加糾理。其在外妖巫。亦令推劾決罪。良女則屬官府。私賤則給本主。守令時加檢察。使不得肆行。王曰。昔太宗朝。亦有妖巫放逐于外。使不得雜處京城。今卿等旣曰。外方妖巫。當定屬官府。而令守令檢察。則京中妖巫亦依此例。於自願各官。分置禁防何爲不可。且前此未立禁防。而遽以決罪。予心未安。黃喜崔潤德等曰。若不照律遽赦之。則妖巫無以知其罪之重也。照律使知其罪。以特恩減等決罪。留置活人院。則仁威兼行妖巫自息矣。盧閈曰。前無禁章。不宜加罪。王曰予當更思之。（實錄）

〔京外妖巫檢束之法〕 世宗十八年夏四月辛丑。司憲府啓。京中妖巫及信從趨慕知情不告者。京中五家鄰保管領。外方各里正長。並依律論罪。在內五部漢城府官員。在外守令常加檢察。以杜邪佞之風。王曰。前此未立禁章。若急迫禁之。則非徒延坐者亦多。曉諭中外。使民皆知然後。自七月爲始。依所啓痛禁。（實類）

〔禁淫祀條例〕 世宗二十六年癸亥秋七月丁未。議政府條陳禁淫祀之法。

一祖父父母之魂。邀致巫家。名曰衛護。或圖形像。或稱神奴婢。施納巫家。雖不納奴婢。或設衛護。或祀祖考之神托巫家者頗多。其家長論以不孝。依奉養有闕律科罪。永不敘用。其奴婢並沒於官。且因救病。稱爲代命奴婢。施納巫家者。其家長亦以制書有違律科罪奴婢亦沒入官。

一、野祭及巫家松岳紺岳開城府大井谷各其州縣城隍等處。親往淫祀者及良家婦女稱爲避病。寓於巫家者。其家長以制書有違律科罪。

一、犯禁巫女。依律科罪。京中則迸諸外方。外方則黜諸他道。

一、犯禁婦女。若無家長。則罪其長子。無長子則次子無次子則長孫。無長孫則次孫。若無家長及子孫則。罪坐婦女。

一、巫女等或稱古今所無之神。或稱當代死亡將相之神。別立神號。自謂神托於己。妖言惑衆者。依造妖言妖書律處斬。

一、不付巫籍。號爲要巫。雜處京城者頗多。並黜城外隱匿者。以不應爲事理重律科罪。皆錄巫籍。

一、巫及各人。如有所犯。其里管領坊別監色掌等。不能檢察。則依律科罪。

一、京中則司憲府。外方則監司守令。出其不意。常加檢擧。嚴行禁約。以爲恒式。從之。實錄

四　成宗時禁妖巫淫祀

〔憲府啓禁淫祀節目〕　成宗三年壬辰春正月庚子。司憲府啓。禁淫祀節目。

一、喪人就巫家行淫祀者。家長及巫女抵罪。

一、稱神奴婢給與巫女聽使者。罪家長及巫女。其婢屬公。

一、空唱巫覡。惑人尤甚。其信徒趨慕者抵罪。

一、管領及鄰里知而不告者。並抵罪。從之。實錄

〔城內禁淫祀之法〕　成宗六年癸未八月己丑。御經筵講訖。司諫朴崇質啓曰。城內禁淫祀之法。已立於辛卯年。但法司以不載大典不得禁。請申明。王曰辛卯年雖已立法。神祀世俗行之已久。不可頓革。持平徐赿啓曰野祀之禁。已載大典。本府一禁。至於神祀。無禁之之令。故家家恣行。或城底或山麓。如仁王昭格藏義等洞以爲神場。殆無虛日。風俗之汚。莫此爲甚。王曰。巫女還入城內者嚴禁。實錄

〔一依大典嚴禁淫祀〕　成宗九年戊戌正月庚寅。傳旨司憲府曰。禁淫祀之法。載在大典。非不詳盡。如都城內行野祭者。士族婦女親行野祭。及山川城隍祠祭者。私奴婢施納寺社巫覡者。行幸時路邊祀神者。祖父母之魂邀至巫家。或用紙錢。或圖形像。排設享祀者。喪

人就巫覡行淫祀者。趨信空唱巫覡者。已令禁斷。而有司奉行寢弛。今後一依大典。嚴加糾禁。實錄

大典會通〔刑典〕〔原〕神祀者。京城內外大小淫祀。城外限十里。○告祀者勿禁。

〔神祀之弊〕　成宗九年戊戌秋九月丁亥。弘文館副提學成俔等上疏。略曰。今世之人。爭信鬼神。凡有吉凶禍福。一聽於巫。或畵像掛錢。或邀魂入室。或趨空唱或親祀城隍。或施納奴婢。是皆聖朝所禁。而著於續典者也。殿下深知其弊。又令法司。痛刷巫覡。放于城外伏覩近日。禁令稍弛。自城外漸還入城中。婦人糜費酒食。或稱度厄。或稱救病。雖大家巨室。皆邀而致之。競爲淫醊。恬不知愧。未聞一人以此而獲罪。鼓笛歌舞不絕於街衢闤闠之間。此臣等之所惑也。傳曰。以身敎者從。以言敎者訟。所令反其所好而民不從。今置星宿廳尙在城內。祈恩之使春秋不絕。以此而禁民。不亦左乎臣等嘗見祈恩之行。自京都至開城。自開城至積城楊州之境。騎馬者不下數十人。其僮僕輜重倍之。或行或留。淹滯不發。守令鞠躬屛氣。迎入惟勤。或厚廩餼。或行賄賂。惟恐獲譴於萬一。雖拜舞跪起。亦不得辭。弊之大者無踰於此也。至於星宿廳。是何神也。是何祀也禮非明神祀非正祀。亦王政之所當先者也。伏願殿下廓揮剛斷。整頓風俗。使邪淫妖妄無容於聖明之下。此亦臣等之所望也。實錄

〔孔廟庭中巫行淫祀〕　成廟謁文宣王廟。頃因不豫貞熹王大妃憂之。問諸巫。皆曰孔廟神爲祟。王大妃命宮人率諸巫。行淫祀於大成殿庭中。諸巫雜沓。衆伎亂作。館中諸生。有士氣者爲之倡。領諸生驅逐諸巫。椎破腰鼓雜樂。宮人驚散。走入奏之。大妃大怒。將下諸生獄。知館事以下。率諸生待命闕下。大妃使人報成廟曰。殿下違寧。問諸巫覡。皆言祟在孔廟。予命宮人祈禱。諸生大逆無道。撲打巫女。迫逐宮人。蹴破諸具。是不有君父也。余將盡誅之。故使聞之也。成廟推枕。蹶然而起曰。吾太學生其有義節耶。遂命司甕院供具。命知館事以下。率諸生入。賜宴于勤政殿庭。慵齋叢話

五　中宗時禁巫覡淫祀

〔野祭宜禁〕　中宗三年戊辰三月丁未。御晝講。侍講官崔淑生啓曰。方今民間無厚葬之弊。但信巫覡淫祀名曰野祭。此宜痛禁。須在上者。先自禁絕。然後民乃則效矣。實錄

〔令法司禁巫覡〕　中宗九年甲戌十一月癸酉。御朝講至淫祀事。王曰。巫覡之風似盛行。令法司禁斷。實錄

〔巫覡成風不可不嚴〕 中宗三十二年丁酉。正月辛丑御夕講。侍讀官朴從麟曰。巫覡成風。士大夫之家。亦爲行無忌。此等事。不可不謹嚴也。實錄

〔請禁淫祀〕 中宗三十二年正月癸卯。弘文館副提學柳世麟上疏曰。五曰去淫祀。殃咎在我。不可事巫而免也。今者內旨國巫事神之多怪。豈其自意。一人唱之。百人和之。近者鼓之。遠者應之。京都之下閭閻之間。神祀方張。無晝無夜。恣意而行。臣等恐上好下甚。邪道勝正。末流之害。有不可勝言者矣。云云。實錄

第十二章 黜巫城外

李朝實錄。中宗二十八年正月二日條。有龍山江巫女家云云等說。近世京城南大門外牛首峴。龍山江之鷺梁津巫覡聚居。（正宗時放逐巫覡于江外。江外以鷺梁言。） 此皆自京城被逐出居。以成部落者也。李朝以來儒家者流。以攻異端斥左道爲務。建議逐出巫覡不得居住城中。僧尼不得接跡輦下。如曰左道異端爲民之害。故斥逐之。則京城門外之地獨非王土耶。京城門外之人獨非王臣耶。此所謂有庫之民何罪者也。是眞可笑也。李朝政令不出城外。非徒見於黜僧逐巫其他政令亦多類是。例如高宗乙未下削髮令。使巡警把守城門。在門內而帶髮者勒令削之。在門外者不問。禁白衣時亦然。門內者禁之。門外者不問。是皆吾所目擊其狀然則是但以城內爲立法行政之區域。而門外八道三百六十州。置之於化外者也。按自世宗朝始。逐出巫覡於城外。爾後歷世。黜巫之命。不知其幾百十次。而城中之巫覡如舊。城中淫祀依然。由是觀之。則政令之不出城門外自昔已然矣。

一 世宗朝黜巫城外

世宗十一年。黃烈成守身。爲監察掌令。時妖巫多聚都中。言人禍福。士女奔波。公據經疏論。盡出之城外。觚玉

世宗十三年秋七月己卯。司憲府啓。巫覡本不得雜處朝市。於城外遙隔處。稱爲巫覡里。區別居生。其來已久。近來雜處。甚爲未便。請自今。並就城外。類聚居處實錄

世宗十八年夏四月丁丑。王謂承政院曰。妖巫處置。三相之論皆好矣。爾等之意何如。僉曰妖巫所犯。在禁防未立之前。不可遽罪之也。且不可使處京中。其居京中及京畿者。則從自願安置外方。居外方者。則各於原居處安置爲便。王曰。當從爾等之議。但令據律立法。而後有犯者從律。如處死則太重。若減等則有違禁章。何以

處之。右承旨鄭甲孫曰。末減科罪亦可於律有之。曰應加應減。取旨施行。殿下特恩減等科罪亦是律也。何不可之有。從之。令司憲府磨勘處置之法。及禁防之術以聞。遂黜巫于外方。實錄

世宗二十六年秋七月丁未。議政府條陳禁淫祀之法一。不付巫籍號爲要巫。雜處京城者頗多。並出城外。隱匿者以不應爲事理重律科罪。皆錄巫籍。實錄

二 成宗朝黜巫城外

成宗二年五月己酉。大司憲韓致亨等上疏曰。巫覡之行乎世其來久矣。誠不可一日盡去之者也。世宗嘗患此驅而盡出之城外。以斷妖妄之俗。使不得肆行。而因仍歲月。禁網少弛。巫覡復得以雜居城中編戶之間。士族之婦女少有疾病。稱爲避方。動經歲月。虧損婦道非美事也。況招聚病人。至今疫癘延及閭里者乎。招集少艾。名曰絃首。叢酒肉之場。恣歌舞之樂。喧咽閭閻以誨淫爲事者乎。又有空唱示靈。驚駭聽聞。其妖誕又甚矣。非特此也。有男人號稱花郎者。售其誑詐之術。漁取人財貨。略與女巫同。而爲術益幻。其他悖理而背道愚弄士女。伏願依世宗朝故事。凡見在巫女。盡驅出城外。放淫辭息邪說云云。六月己未。傳旨禮曹司憲府曰在祖宗朝 巫覡不得居城中。其後禁令漸弛。雜居城內。甚未便自今並出城外。實錄

大典會通〔原〕〔刑典〕〔禁制〕京城內巫覡居住者。論罪。（原者謂成宗二年頒行之經國大典也。）

成宗六年八月癸未。御經筵講訖。司諫朴崇質啓曰。曩者。命黜巫覡於城外。及禁神祀。近來巫女稍稍還入城中。家家邀致。恣行淫祀云云。實錄

成宗六年八月己丑。御經筵講訖。領事曹錫文啓曰。臣等少時。巫女等甕居門外。今則盡入城內。張樂公飲。無日無之。誠可憎也。然遽令頓革。則人心騷動。莫如更令刷出城外。使無得入城內。自無其弊矣。知事洪應啓曰。如欲袪此風。則先除其根本可也。令巫女毋得入居城內甚可。王曰還入城內者嚴禁。實錄

成宗二十一年八月乙酉。兵曹判書李克墩來啓曰。今番上忠淸道報恩郡正兵金永山。妖言惑衆。都中士女爭趨問卜。所至成甕。傳曰。其妖言何如。克墩對曰。托稱有神在空中。能言已往事。士女無不信惑。傳曰。雖女巫法不得在京城中。況男巫乎。黜之城外。使不得入城實錄

三 中宗朝黜巫城外

中宗四年六月甲子。御朝講。大司諫權弘啓曰。巫覡自祖宗朝黜諸城外。今者。南方男人爲巫事。年少無髯者假著女粧。出入士族之家。因爲有醜聲。安琛爲觀察使時。刷出。盡屬各官奴婢。然舊習猶存。今復滋熾。請盡刷出。以實西北方空虛之地云云。實錄

中宗十二年九月丁亥。司憲府啓曰。大典有京城內巫覡居住者論罪之法。然而妖邪之徒混處閭閻。誣人取財。生理饒足。以此外方業巫之人。坌集京城。在細民則已。雖於士大夫家出入無忌。妖言扇惑。汚染風化。莫此爲甚。雖以本府隨所聞摘發。刷出城外。而旋即入城識別爲難。禁止無由。東西活人署案付巫女。及五部刷出巫覡等。並於距京城二百里外各官從願分配。令所在官守令。常巡檢擧。毋得他適。每歲抄。列名移文本府。以爲恒式。永絶妖淫之風。啓下政院。實錄

中宗十二年九月丁亥。傳曰。大抵巫覡之徒。假托妖說出入士大夫之家。法司欲救其弊當矣。然。大典有使不得居京城。黜諸城外之法。法非不嚴。若別立科條。一切黜外。毋得他適。則非特寃悶不貲。似爲紛擾矣。若有出入士大夫之家。恣行甚者黜于外方。懲一警百。如是則汚染之俗自變。安可棄祖宗典章。而一切黜竄。多致寃抑乎。且此爲新法。須收議而處之。其問政府。郎官議于大臣以啓。鄭光弼·申用漑·李繼孟·崔淑生議京城內巫覡居住者論罪之法。載在大典。法非不嚴。近來城內雜處者。良由法禁解弛。遂至滋蔓。若申加禁斷。有犯必懲。使不得出入城內。自然巫術衰息。不必別立科條。傳于憲府曰。巫覡禁斷之法。自有成憲。法司所欲爲者。乃別立科條也。故議于大臣。而議已定矣。當如大臣之議。實錄

中宗十二年十一月庚寅。司憲府欲黜巫覡。申報于政府。政府依報轉啓。傳曰。新法不可立。政府更議。實錄

中宗二十八年二月癸酉。諫院啓曰。有妖巫自稱疫神所依。疫兒死生皆在於己。鼓唱邪說。誑惑人心。凡家有疫。傾財競媚。不計破產。雖士大夫之家。怵於禍而未免此習。是亦朝廷之一羞。請令法司摘發。並置妖言惑衆之律。大抵巫覡皆黜城外。分屬活人兩署。（有東西活人署）使不得出入都下。乃祖宗朝美意也。近來此類不由國憲因緣內外。恐動邪祟。財力自富。別置城內之家。恒舞酣歌略無忌憚。至爲痛心。城內巫覡家舍。無遺撤毁。其中尤甚者。並流遠島。然此等事皆末也。凡左術自上當留心痛斷。乙亥。憲府啓曰。妖僧妖巫事。以該院所啓

敎於本府。使之推察。故府方推察矣。至如新創佛寺。城內巫女家撤毁事。府之所治者在於城中。而寺刹之在外地者。府不能獨治。必至於行將奉傳旨。答憲府曰依允。實錄

四　肅宗朝黜巫城外

肅宗四十六年庚子正月壬辰。世子引接大臣備局諸臣。持平洪龍祚言。閭閻之間。巫風日盛。風俗之壞亂財產之耗竭。未必不由於此。請令漢城府。查出巫女之在城中者。盡爲驅出城外。世子只從巫女驅逐事。實錄

肅宗四十六年庚子二月辛丑。右議政李健命。請寢京城女巫驅逐之令。先是。妖巫肆行閭閻。民風日蠱。臺閣請依舊典逐去。漢城府旣盡逐出矣。爲大臣者。不思修舊典革巫風。乃返汲汲招入崇長之不暇。其與西門豹沈巫之風懸矣。一時傳以爲笑。實錄

五　正宗朝黜巫城外

正宗四年九月己亥。御晝講。戶曹判書金華鎭啓言。京城巫女向旣逐出江外。巫稅則自該邑徵納宜矣。從之實錄

正宗九年乙巳。大典通編云。京城巫女逐出江外。

六　純宗朝逐巫城外

純宗十五年。命巫覡逐送城外。實錄

第十三章　巫覡術法

一　空唱

世宗十八年庚辰夏四月丁丑。召三公黃喜崔潤德盧閈等議事。其一曰。今司憲府所推妖巫七人。能使鬼神唱於空中。有似人語。令人眩惑。據律當絞云云。實錄

成宗二年辛卯五月己酉。大司憲韓致亨等上疏。曰巫覡之行。有空唱示靈。驚駭聽聞。妖誕甚矣。實錄

成宗三年壬辰春正月庚子。司憲府啓。禁淫祀節目。一空唱巫覡。惑人尤甚。其信從趍慕者抵罪。九年戊戌春正月庚寅。傳旨司憲府曰。趍信空唱巫覡者。已令禁斷而有司奉行寢弛。今後嚴禁。實錄

成宗二十一年庚戌八月乙酉。兵曹判書李克墩來啓曰。今番上忠淸道報恩郡正兵金永山。妖言惑衆。都中士女爭趍問卜。所至成羣。傳曰。其妖言何如。克墩對曰。托稱有神在空中能言已往事。士女無不信惑。實錄

二　神托

世宗二十六年癸亥秋七月丁未。議政府條陳禁淫祀之法。一。巫女等或稱古今所無之神。或稱當代死亡將

相之神。別立神號。自謂神托於己。妖言惑衆者。依造妖言妖書律處斷。(實錄)

三 掛鏡

燕山君九年癸亥春二月甲子。御經筵。持平權憲啓。國巫堊非多術。掛鏡房中。而曰神在其中。人自不見。(燕山君日記)

李瀷星湖僿說云。村巫崇奉萬明神。民有疾厄。輒禱之或謂萬明。即新羅金庾信之母。野合而奔舒玄者也。奉之者必畜大鏡。鏡必穹圓。是或羅俗。然彼奔女之鬼。豈有千載不昧之理。

李圭景五洲衍文云。金庾信母爲萬明神註曰。東國稗說。金庾信新羅太大舒發翰。其母萬明亦爲神。今巫女覡稱萬明。神祠掛銅圓鏡。號曰明圖云。

四 符呪

燕山君九年二月甲子。御經筵。持平權憲啓曰。國巫堊非多術。有鍮器曰是飯佛之器。又能符呪以惑衆。(燕山君日記)

中宗十年乙亥閏四月乙亥。弘文館副提學申鏛上劄曰。頃者刻日移御。事甚蒼皇。宮禁事密。莫知端由。醫巫以禳厭之。符呪以怖厭之。以此料之。意必有邪怪之事。見於禁中故爲然。(實錄)

五 卜命

太宗朝。李叔蕃與漆原府院君尹子當同母異父。子當母南氏。年少寡居咸陽。子當年七歲。隨母往巫家問命巫云。勿憂。此兒有貴相。然兒必因弟力得貴。南氏曰寡婦之子安得有弟。後南氏適李家生子。是叔蕃。子當亦因公力。得參勳封。(慵齋叢話)

六 米卜

李德懋青莊館全書。巫女擲米條云。我東巫女。堆白米于盤中。撮米少許擲之。口誦呪而指頭辨米。自言以知吉凶。此俗亦有所由。遼史。正朝日。上於窓間擲米團得隻數爲不利。未知米團爲粉團之類歟。

李圭景(德懋之孫)五洲衍文。米糈卜辨證說云。大抵。今之巫占擲米。即楚糈之遺意。又按顧亭林日知錄。引詩握粟出卜曰。古時用錢未廣。詩書皆無貨錢之文。而問卜者亦用粟。漢初猶然。史記日者傳卜而有不審不見奪糈又有米巫祭酒之文。則巫受米而卜。卜之以米。從可知也。今我東巫覡給米問卜。亦出古俗。而但撮米撒粒。以占吉凶。不知昉自何代。今巫女堆白米于盤中。撮少許擲之。口誦呪語。以指分粒作卦爻。自辨其休咎。鷺江(鷺梁津巫覡居住地)李夢曦吳榮。嘗著芥巫卜甚詳。曰此楚糈之遼意。以米單者雙者縱者橫者爲占爻云。以米粒單雙縱橫作爻。亦陰陽奇耦之理也。其法似從遼俗而殼麗時遼風也。遼史。正朝日。上於態問。擲米閻得隻數爲不利（似是米閻聚米分，只爲一隻奇數故不利）或傳於麗而爲俗也。巫覡之術何足道哉。與古相符者甚怪。故因其怪而證辨。如箸劃栲栳爲呪節也。接煞返魂也。

七　巫卜

李睟光芝峯類說云。李二相長坤 燕山朝以弘文館校理亡命。常數日一至其家。見夫人而去。一日到家。天向曙。不敢入。隱於家後竹林。夫人以其過期不至。疑其死。召巫卜之。答言不死矣。影在庭中。公聞之。自後不敢再至家 晚年常謂。巫言。亦不虛云矣。

八　劃栲栳

李圭景五洲衍文云。今女巫祈神。以箸劃栲栳面。節其唱曲。此出於女眞之俗。清乾隆朝所編禮器圖式曰。燕饗慶隆舞樂節。本朝制殿庭用之節。編竹爲之。形如箕。舞劃之以節樂。此女眞與我北關相接。染其俗而然也

九　接煞法

李圭景五洲衍文云。夷堅志載董城二郎。死而旣斂。家人用俚俗法。篩細灰於竈前。覆以甑。欲驗死者所趨。早而擧之。二鵝足儼立於灰上。即今接煞之說云。今我俗稱返魂耳。接煞雖强該其義。儲泳袪疑說。如人死者某日而死。則受某日之煞氣。陰陽家所載有雌煞雄煞。有出有不出焉。其說似不可信。然雌煞不出則死者之右足鉗而向左。雄煞不出則死者之右足鉗而向左。雌雄煞皆不出則左右足皆鉗而相向。出則左右足皆向外而不鉗。豈不異哉。（能和按接煞返魂亦謂歸魂也）

十　蹈刃舞

五洲衍文云。巫雖賤技。以古今論其優劣。荊楚吳越之巫大巫也。（吳張紘與陳琳論文曰。小巫見大巫神氣盡矣。）至若脣黏水盆。跳蹈利刃（妖巫行術。張擧水盆。附於脣上。而不落。立利刃於水盆上。跳足蹈舞於刃上。而足不裂盆不折。挾邪鬼而然也。）是或挾鬼而誇其術之神異也。此是惑人之釣餌。使人墜其術中惑而偏信者也。

十一　降神術

天倪錄云。宋公象仁。性剛正。平生疾惡巫覡。假托鬼神。欺罔民間。稱以禱祀。長作淫祀。費人財力。不知其幾。而實則皆虛妄也。每曰安得盡除此輩。使世間更無巫耶。及爲南原府使。下令曰。吾邑中。若有以巫爲名現露則當杖殺不遺一人。遍令境內咸使聞知。巫覡等聞令震懼。一時奔避。盡移于他邑。宋公意謂吾邑更無

一個巫矣。一日登廣漢樓。望見有一女人。騎馬戴笠而去明是巫女行色。即發使令。捉致前庭。問曰汝是巫女乎。對曰然。又問曰。汝不聞官家下令乎。曰已聞矣曰汝不畏死乎。何以在吾境內耶。巫拜告曰。小人有卞白之言。願加照察。巫有眞假。假巫則雖殺之可也。眞巫豈可殺之乎。官家下令嚴禁者。皆謂假巫。非眞巫也。小人是眞巫。而知官家之不殺。以是安居不徙耳。公曰何如而謂是眞巫耶。巫曰願試之。如不驗則請死。公曰汝能致鬼神乎。曰可驗於公平生親友死未久者矣。公曰吾有死友。即京中某宦某也。汝能致此神乎。曰不難當爲公致之。然必有數器饌一壺酒。乃可致也。公以爲殺人事重且從其言。以驗其眞假而處之。即命備給。巫又曰願得公一衣以請神。非此神不降矣。公命與舊著衣一領。巫設一席於庭中。以一盤陳其酒肴。身被所與之衣。向空振鈴。多作怪語。以請神來。俄而。巫言曰。吾來矣吾來矣。向公先語其幽明訣別之悲。仍叙說一生交懽之情。自騎竹遊戲聯榻做業。至科場赴擧仕宦登朝莫不共其行止。同其出處。心肝相照。膠漆不離之狀。歷歷開陳。皆是實蹟。毫髮不爽。而其中又有是友獨知而他人莫知之事。亦能吐出。公聞之。不覺涕泗交流。悲不自勝。曰吾友精魄果來矣。無可疑者。仍命更進佳肴美酒以享之。良久告辭相別而去。公歎曰。吾以巫覡盡歸奸僞。今乃始知巫有眞矣。仍厚賞其巫。而收還禁巫之令。自是言議。不復深斥巫覡矣。

天倪錄又云。昔有一名宰。以承旨。曉將赴闕。具衣冠欲出。因其太早。還復倚枕假寐。夢已騎馬牽導從向闕行。至把子橋前。見其慈親。徒步獨行而來。宰心驚。即下馬迎拜曰。母親何不乘轎。而徒步獨行乎。母曰吾是去世之人。與在世不同。所以徒步而行矣。宰曰今將何往而過此。母曰龍山江上居吾奴家某家。方設神祀。吾爲饗此而往矣。宰曰吾家有忌辰祭及四時之享。且有節日朔望等茶禮。母親何至於往饗奴家之神祀乎。母曰雖有祭祀。神道不以爲重。獨以巫人神祀爲重。若非神祀。魂靈安得一飽乎。仍曰行忙不得久留。告別。飄然而去。倏爾不見。宰即驚覺。怳爾明白。乃招一奴。令曰汝往龍山奴某家。分付趁今朝來見。而汝須速去急還必趁吾未赴闕之前也。仍坐而待之。須臾奴果急還。東方未明。時當極寒。奴先入竈間。呼寒照火。其伴奴在竈間。問曰。汝能得喫盃酒乎。奴曰其家方大張神祀。而巫言吾家上典(我語謂主曰上典奴婢曰下典)大夫人神。降于其身。聞吾之至。嚮曰此乃吾家使喚之奴也。招使前。命以大盃饋酒。又賜饌一器曰。吾於來路逢見吾子於把子橋前道上矣。幸在室中。聞奴嚮私語之言。不覺失聲痛哭。招奴詳問。心以爲慈親之往饗神祀。眞的無疑。乃招巫女設神祀以饗其親。仍於四時每行神祀云。或傳此乃崔公有源事。崔公以孝聞於世。李詠挽崔公詩曰。尾原懷不過於忠。以孝終身亦不中。雖曰不中人莫及。思君顧我我顏紅。無乃崔公死於孝耶。

柳夢寅於于野談云。高敬命爲淳昌郡守。得染病而卒。擧體俱溫。經宿未斂。忽如夢之覺曰。有使者招余引路而去。至一官府。使者入而告之。官人曰。所招者非是人。促使者復引而還。入淳昌境。於路傍民家鼓聲登登。使者願入此暫憩。覓酒食而去。敬命入其家。巫曰我城主來矣。迎坐上座。奉觴侑之。享使者盡醉而送。既入衙舍。遽遽然覺之。遂令從人往路傍家。夜祀未罷。問之巫。如其言矣。

十二　下裼亡魂

李瀷星湖僿說云。昔官司巫。凡喪事掌巫降之禮。註。降下也。巫下神之禮。今世或死既斂。就巫下裼。其遺禮此恐非聖人之意。余見村巫歌舞招魂。作亡魂語。誣謗愚俗。以賭財。國宜有法以禁之。豈合反著在祀訓耶。又見國俗好事鬼。有曰萬明者。即新羅金庾信之母也。必爲中凸大而鏡。有曰王神者。似指首露王。王最著靈異故也。事之者必爲褶翼衣。褶翼者今武士衣裳相連之服。腰其襞積似玄端。兩掖縫合似深衣。濶袖無袪似襴彩。鏡與衣必當時之制而流傳至今也。若此類。其禮豈有數千歲不昧。尙著靈恠之理。其禱祀感應者。莫非戲魔之套弄。愚氓被瞞也。明智自知之耳。

第十四章　巫蠱(詛呪)

我語巫蠱詛呪之事曰方子(Pang Cha)譯義詛呪是即所謂巫蠱也。巫蠱之義。見於漢書釋義曰。女能事无形。以舞降神曰巫。執左道以亂政惑人曰蠱者是也。漢武帝時宮中有巫蠱之變。我東高麗忠烈王時。有人以巫蠱事。密告于元公主者。大官金方慶枉被刑訊。以事無實。終得辨白。李朝列王之朝。宮中亦多巫蠱之變事。每爲黨爭之利用。又在閭巷民家。常有詛呪之事。皆女巫爲之階也。張維谿谷漫筆云。詛呪之事其來久矣。唐孔氏曰。請神加殃謂之詛。以言告神謂之祝。蓋怨人之甚。至於告神而欲加其殃也。書曰厥心違怨。厥口詛祝。詩曰出此三物。以詛禰斯。齊景公病痁。期而不瘳。景公欲誅祝固史嚚。晏子曰。民人苦病。夫婦皆詛。雖其善祝。豈能勝億兆人之詛。漢武帝宮中。既有巫蠱之變。而諸侯王坐詛祝上。不道誅死者史不絕書。宋元兇劭與嚴巫道育爲巫蠱。琢玉爲宋王像埋之宮中。唐呂用之爲銅人釘其胸。書高駢姓名埋之。如此者類甚多。至於民間厭勝禁呪之術。見於小說者不可勝記。我東此風尤熾。人家臧獲僕妾。略有怨恨。輒用鳥獸及齒骨偶人等物。作法埋藏于墻屋竈突。便令人染病不急治。往往至死。或傳注他人如尸疰病。事發坐死者相繼而猶不衰息。巫覡能治詛呪者。入人家便知凶物所在。發而去之。又能言其犯人。而或中或不中云。余頃見華人朱佐言中國亦多此事。以法解之則反中犯人。渠自言知解法。余試問其法。朱言身方流離異國。賣術自活此法既傳與人。更不靈於己。不欲輕示於人云。

一　中宗時宮中巫蠱(灼鼠之獄)

李肯翊燃藜室記述。中宗朝故事記述。朴敬嬪福城君之獄條云。庚寅。敬嬪朴氏。與其子福城君嵋。廢爲庶人。俱竄尙州本土。

初丁亥二月二十六日。東宮亥地。懸一灼鼠。以水桶木片作榜書并掛之。是時。仁廟居東宮。仁廟亥生而二月二十六日乃誕辰。亥屬猪而鼠類猪。時議以爲東宮咀呪也。宮中指朴嬪所爲。其侍女及唐城尉洪礪奴僕多被杖死。亦有誣服者。故至於賜之自盡。黨籍補

仁廟誠孝出天。而文定王后少無保護之心，灼鼠之獄誘之於朴淑儀併其子賜死。人皆寃之。嘉靖壬辰。東宮近處有灼鼠咀呪之事。且作假像。懸木牌書不道之言捕可疑人鞫之。指以嬪所爲。賜朴嬪及福城君嵋死。兩翁主廢爲庶人。唐城尉洪礪死杖下。光川尉金仁慶竄外。左議政沈貞以交結朴嬪亦賜死。自餘連累被罪者甚多 東閣雜記

二　光海君時宮中巫蠱

光海君五年癸丑六月癸卯。以宮禁咀呪事。捧水連介元情。號爲國巫年七十。巫女所引。出入國舅金悌男家者也。供云。以朴本宮巫婢。服懿仁喪三年。朴東亮皆疑臣咀呪裕陵。捕收于官。以無實狀故見放矣。宮禁咀呪。安得聞知。○壬子鞫天翼。高成養父天翼之女父子同名 加刑。乳母承服曰。高成推服於乳母家曰。大君。光海君之弟永昌大君璜也。 十一歲當爲王。其後再往三往。皆稱替大君之命。天翼又言巫女六七人。同參咀呪。乃以在獄巫女十一人面質。各問其名與居住。天翼曰此是某巫女。居某坊。彼是某

巫女。居某坊里。皆往來高成家云。○七日癸亥。傳曰可鞫巫女議啓。推鞫廳啓曰。鈞得咀呪之巫女。其勢無由。故諸巫拏囚已久。而尙未能的知某巫爲咀呪者。而刑訊之前日。漢城判尹臣朴公亮。活人署提調臣南瑾抄啓。巫女等只是問於自類中。探其各處出入者抄啓而已。初不出於賊招者。故尙不爲刑訊。大槪今此咀呪之事。高成援引黃金李非爲言故。乃有諸巫拏囚之事云云。（光海君日記）

三　仁祖時宮中巫蠱

燃藜室記述。仁祖朝故事本末云。王寢疾。而宮中有巫蠱之變。王遣一外戚重臣於崔鳴吉家諭之曰。吾病日甚沈痼。而可疑之端已彰。不得已將出外庭治之。卿宜知此意。蓋王意疑貞明公主也。鳴吉對曰。先王骨肉。只有貴主。今若起獄。則當日反正之意安在哉。且巫蠱事自古多晻昧難明。後數日。王果下其事。欲逮治主家婢子。而鳴吉入窮廳陳啓。只請移御別宮拏問宮人輩。王嚴批不許。鳴吉屢請之。王大怒。遂以特命有越次赴瀋之行。又於玉堂劄請出女巫之批。有曰。有一相臣。外爲大言。內懷不直。草草治獄。終不參鞫。其意難測。而前後臺官不以爲非。獨於迷劣女人兩司齊憤。至於合啓劄雞焉用牛刀。鳴吉至龍灣上劄曰。今此宮中咀呪之變。乃擧國臣民之所共憤。而遇臣適意終有忌器之嫌。求厥善後。轉覺難處。宣祖大王子女雖多。公主大君最爲晩出。未及成立。仙馭賓天。彼時之事。言之於悒。今獨公主在耳。今若以暗昧難明之事。轉輾連累。使公主驚憂傷心。不得終其天年而死。則爲今日首相者安得辭其責。亦將何以見先王於地下。向使愚臣。懷懷一切之念。輕起大獄。甘心於宣祖之骨肉。而曾不以爲難。則是議難信之臣。其他自負殿下亦猶是也。殿下亦安用之哉。（遲川行狀　遲事合錄）

時永安尉宮人。多被拷死。禍將不測。李植力持救解之議。有人自勳戚家來言。永安尉宮人。密將凶穢物於竹筒入闕內云。植怒叱曰。我在時永安不可殺。與某謀先攻我可也。（澤堂諡狀）

四　孝宗時宮中巫蠱

孝宗三年壬辰三月乙亥。時討逆旣畢。具其顚末。議政府狀啓。臣等據趙昭媛侍婢兼先告稱。昭媛趙氏內結女僕。外交僧尼。咀呪王所。謀害王躬。據此查得事情逆狀已具、昭媛安置別所。仍將內外凶黨。究問情節。趙氏侍婢英伊供稱。昭媛一日招小婢及班婢加音春德香等。饋以酒食。因撫背告曰。我有一計。將謀害國王父子。推戴洛城尉金世龍爲王。而非汝。誰與成之。幸而得成。不但於我有大利。汝輩亦將共享安樂。延及族黨莫不富貴。汝肯從之。婢等答以死生惟命。乃附耳語曰不勞成功。莫如咀呪。女巫之中。必有能此術者。汝可深結。仍給白金文繡等物。婢等因厚遺妖巫鶻鵡者。與之俱見於昭媛母女。則昭媛奉觴爲壽。約與同事。自是之後。巫常從後門密密出入。敎以方術。不可勝記。昭媛乃令親信僕隷。潛覓死人頭骨手足齒牙爪髮霹靂木嘉上樹等物。又令發人塚。剜却死肉。覓取棺木之片綿漬尸汁。研磨枯骨。至於乾曝鷄狗猫鼠之屬。入於咀呪祈禱之用者。無不鳩聚。常令德香等。暗藏篋笥。持入王所。乘夜遍埋於王大妃及國王所居之室。所由之路。且令其女孝明翁主。或結齒牙於裙帶。或藏骨屑於粧奩。出入[illegible]埋。密灑房闥之域。殆將遍焉。且令僧尼創寺造佛。爲己祈福。要禍國家。行兇作惡。無不備至……女巫鶻鵡。老尼雪明。僧人法幸普祥慈運等明正典刑。（實錄）

五　肅宗時宮中咀呪

肅宗二十七年辛巳九月己酉　下備忘記曰　內司所因罪人丑生雪香時英淑英鐵英等。並令拿來。明日仁政門外親鞫。丑生等皆宮女也。庚酉御仁政門。親鞫。丑生等。嫉惡內殿。有同仇讎。潛設神堂。屛人祈禱。謀害國母之迹。昭著難掩。而自內問之。則或稱爲仁敬王后。或稱爲世子痘患。飾詐欺罔。極爲切痛。王直以諺語解釋問之。雪香曰。世子痘患時。每設神餪。（以餅禳神）猝難撤止時時爲之。又以世子痘患後眼患。設黑床於兩邊。擀手祈祝。及少愈。仍停之。

時英對以本以大殿宮人。移屬於世子宮。內神堂排設與否。固所不知。巫女所設神堂。蓋仁敬王后以痘昇遐而世子順經痘患之故。爲其陰隲。設此行禱也。床桌等物禧嬪（禧嬪張氏景宗之母）侍女一烈主辦。禧嬪言于俺曰。巫女常稱世子多厄。故有此祈禱矣。俺初不往神堂。禧嬪勸之。故是後一往。設酒果禮拜而歸矣。其後。一烈見俺自言排設神堂之事。而及巫女死。移於龍洞近處禧嬪本宮矣。又命問以雪香者問淑英婢子鐵生往來於巫女家。而巫女死。問于游巫。（凡無定居者曰游巫）移置神堂于禧嬪本宮。游巫之名。鐵生可知之。神堂蓋爲仁敬王后設。飾以錦段裹以紙面。書以痘神之號。揷于壁。至於祈祝之辭。不得聞。蓋世子順經痘疫。禧嬪信之云云。

六　英宗時宮中巫蠱

英宗二十一年乙丑正月甲寅。右議政趙顯命請對。顯命曰。聞巫女獨甲房者。居在中部洞。其夫則柳哥兩班云矣。乙卯王親鞫趙徵等于肅章門。問罪人李敬中。供曰。向來天災孔棘。上下憂畏之際。臣八寸李得中言。聞有妖巫獨甲房者。能爲埋凶之術。出入於闕中。直犯于東宮。意欲推諉於趙嬪云。(實錄)

第十五章　巫祝之辭及儀式

一　於羅瑕萬壽

巫歌起頭。其呼「어라만슈」(Orahmansu)者。譯音則爲「於羅瑕萬壽」。疑即百濟時俗所遺傳者也。百濟方言王曰於羅瑕「어라ㅎ」(Orah)。后曰於陸何「어루ㅎ」(Oruh)。想像當時巫覡歌祝王與后之遐算曰「於羅瑕萬壽」「於陸何萬壽」。即我王萬歲。我后萬歲之義也。李朝光海君時。文人柳夢寅。撰於于野談。有「今之巫覡必呼我王萬壽」。出於遼藩移殖之高麗遺民。祝其故王之俗云云。蓋我王即於羅瑕。其義相符。玆引原文。以證此條。

於于野談云。凡人言語之發。皆由性情。自古疾痛悲怛必呼父母。出於天性。中國之人呼爺爺。爺爺者父也。我國之人呼阿媽。阿媽者母也。先母後父之俗。殊失中國之正。甚可笑也。今巫覡必呼我王萬壽。出於中國遼東東寧衛。麗朝時忠宣王入中國不得還。仍封之瀋爲王當時從者數百人。皆居瀋不歸。今瀋陽東寧衛是也。其俗生子。先教東語。享神先祝我王萬壽者。不忘本也。今之序班。皆用東寧衛人爲之。爲其知東語也。

二　江南朝鮮

巫祝之歌。有江南朝鮮之詞。蓋巫於歌詞。多用江南。例如呼痘神曰「江南戶口別星媽媽」之類。本出巫語。此雖巫言。亦有研究之價值。蓋支那江南一帶之地。多古黎苗遺族。俗尙巫祝。好祀鬼神。又九黎之君蚩尤氏來都涿鹿。(今直隸地)與古九夷壤地密接。朝鮮巫俗。疑是蚩尤遺化然則巫呼江南之語。似有脈絡之相傳者也。

三　日出世界月出世界四海世界

巫祝之歌。有日出世界。月出世界。四海世界。朝鮮漢陽無學懶翁相基定之。置五部。建宗廟。立社稷。築宮闕。設官署云云等語。蓋李朝太祖。建都之時。王師無學。(其名自超)實相之。定鼎漢陽。部署既整。四海一家。日月明朗。即形言其太平氣象。自是巫女歌祝之詞然也。而至於日出世界月出世界等語。是或新羅時代。拜日月神之古俗。遺傳于巫歌之中者歟。

四　萬神

巫歌之中。有萬神之詞。蓋我俗呼巫曰萬神。萬神之稱。究其由來。厥惟久矣。按抱朴子(仙書之名)。黃帝東到靑丘。過風山見紫府先生。受三皇內文(道書)。以刻。名萬神云云。此係仙家之說。事屬漠然。不可十分置信。雖然。亦有硏究之價値疑萬神是東夷民族古代神事之記錄也。 所謂紫府先生亦即主祭神祇之巫史。例如李瀷星湖僿說曰。「所謂神仙即人而善事神者也」之類也。靑丘即是朝鮮。以此推之。朝鮮檀君。(設壇祭祀天神故曰壇君) 或是紫府先生之系統亦未可知也。世皆指我東方爲仙竄神宅者。 蓋有其本而然也。 然則萬神之稱。傳于巫祝。而亘古不變者歟。朝鮮巫俗。即是原始的宗敎之傳來者也。故最爲考古者之硏究資料也。

五　三神

巫祝之歌。有呼三神帝釋之詞。是指三聖者而。三聖者即檀君之三世桓因(說爲帝釋)桓雄王儉。黃海道之九月山。有三聖祠是也。蓋此三聖者。即古朝鮮神權時代壇墠之君。主祭天神者也。故其系統尙傳于巫祝。巫祝者保有原始的風俗。而少不變化。故反受現今社會之賤遇爾。

六　十王

巫祝之歌。有十王世界等語。又神位排設有十王位。是乃道敎化或佛敎化者也。按十王者。佛書有閻摩羅天子。主持冥界之說。而今加其九共爲冥府十大王。蓋後世之附會也。十大王之稱號。見於梵音集。(朝鮮寺刹佛事儀式必用此書)如左

第一秦廣大王。第二初江大王。第三宋帝大王。第四五官大王。第五「閻羅大王。第六變成大王。第七泰山大王第八平等大王。第九都市大王。 第十五轉輪大王。

按後漢書。中國人死者。魂歸神岱山。(按神岱山即泰山也) 注博物志太山天帝孫也。主召人魂。東方萬物始。故知人生命云云然則此云太山大王。猶有所本。其餘八大王。不知其所自出。而疑是道家所作之稱號。 其云宋帝大王者。宋徽宗皇帝好道敎。自稱道君皇帝。或者指此帝。死爲冥府大王者歟。冥府十大王之稱。疑自趙宋時始有。而宋帝何以稱大王乎。 蓋淫祀之神多稱大王。例如松都王朝有國師堂神祀。而其神稱國師大王。見于東國李相國集。(白雲居士李奎報文集) 然則宋帝大王。即一國師大王之類例也。

七　三佛

巫之歌扇。(彩扇有五十竹) 書有三佛。 蓋此三像。 疑即極樂世界阿彌陀佛。及左補處觀世音菩薩。右補處大勢至菩薩。而巫時亦唱佛。以爲祈祝。此乃神佛混合之證也。

八　萬明

萬明者。新羅金庾信母爲神號萬明。嘯雲居士李圭景五洲衍文云。「輿地勝覽。軍威縣西岳。有新羅金庾信祠。其母萬明亦爲神。今巫女之呪萬明而祀之。安萬明神處。必掛銅鏡。名曰明圖云云者是也。

九　七金鈴

今俗巫女。手持金鈴。其數有七。且歌且搖。又持畵扇。且卷且舒。舞之僛僛。呪之喃喃。按朝鮮古代。馬韓事鬼。有蘇塗立木懸鈴之法。扶餘祭天。亦有鈴鼓之儀。蓋巫之用鈴尙矣。日本神官。滿洲薩滿。於祀神時。亦有金鈴。此儀疑皆同出一源者也。

十　神壇

巫行神祀。其祝有曰。初二三壇。是亦模倣僧齋上中下三壇威儀者也。僧齋設三壇。上壇佛菩薩位。中壇神衆位。下壇人鬼位。巫祝初壇曰。「신길」(SinKil) 譯義爲神路也 或「지노귀」(ChinNukWi) 譯義爲指路鬼者。即如僧齋有引路王菩薩。指示往生極樂世界之路逕。而巫則曰指示十王路者是也。「진넉위」(ChinNukWi)又譯義爲亡靈位。蓋俗謂死亡曰「진」(Chin) 例如喪家。招巫女行神祀。稱曰「진부정가심」(Chin Pu Chang Ka-Jim) 譯云洗滌死亡不淨 「넉」(Nuk)方言靈魂也。巫祝二壇「새남」(SaiNum)云者。即散陰之訛轉也。即如佛家謂人死之初。其靈魂爲中陰身。飄蕩空界。莫適所之。故設七七齋。每一七日設僧齋 及百齋。使之疎散中陰幽冥之身。即得往生善道者是也。然則巫效僧齋而行「진넉위새남」(ChinNuk-WiSaiNum) 其義則爲亡靈薦度之神祀也。巫祝三壇受法食云者。亦出於僧齋。法食者即謂法供養也。僧家供養有二種義。以物品獻供者。謂之財供養。以法門祈禱者謂法供養 巫說「선왕재」(Sun Wang Chai)者。即僧家所謂現王齋也。佛書有現王經。蓋薦度亡靈之法門也。

十一　降神

巫祝之詞。有「강남도령」(Kang Nim To Ryang)之語按此亦出於僧齋也。僧家設齋時。作法僧誦儀文。請佛菩薩降臨道場(Kang Nim To Ryang)受此供養。巫祝道場訛作徒領。「도령」(To Ryong)蓋徒領者。新羅時花郎。領徒衆數百或數千。故云徒領。有徒領歌見三國史記新羅樂志 今我俗呼貴家卯歲之童子曰。徒領。即新羅時遺語也。又今俗諺有曰。山之朝宗崑崙山。水之朝宗黃河水。兒孩朝宗降臨徒領。此乃巫祝轉訛所致。認道場爲徒領。甚可笑也。

十二　魚鼻大王及鉢里公主

聖神語法 巫祝書名「셩신말법」(Sung Sin Mal Pup)。有曰王后旣婚 珊瑚宮魚鼻大王。統治三國。揀擇吉大公主爲后云云。 問于卜師。卜師稱號有天華宮加利博士

地華宮多智博士。帝釋宮蘇昭樂氏。明圖宮周易博士或周易天文。擲米爲卜。玉盤擲米有初二三算云云。蓋巫家米卜也。連生七女。第七女曰鉢里公主。生女太多故。王怒命投西海。故名曰里公主。蓋方言謂棄去曰鉢里」云云按魚鼻大王鉢里公主。雖屬俚語。必有所據。細問老嫗。據云巫所謂鉢里公主。其夫婿乃處容大監也。吾於是悅然。疑霧頓消。即知所謂魚鼻大王乃三國遺事所記處容郎事是也。處容記事。在新羅統一之後。憲康王時。是乃統治三國之語所自出也。　新羅時人門貼處容之形以辟邪。其形怪異。方言可恐曰魚鼻。是乃魚鼻大王名號之所自出也。海龍所居以珊瑚爲宮闕。是乃珊瑚宮之所本也。處容爲疫神所竊宿。處容見之而退。是乃鉢里公主名稱之所自出也。今以遺事處容記事。對照此段巫話。則可知其諸名號之所自出之本源也。

〔三國遺事〕「處容郎」第四十九憲康大王之代。自京師至於四海之內。比屋連墻。無一草屋。笙歌不絕道路。風雨調於四時。於是。大王遊開雲浦。在今蔚州 王將還駕……東海龍率七子現於駕前。獻舞奏樂。其一子隨駕入京。輔佐王政。名曰處容。王以美女妻之。欲留其意。又賜級干職。其妻甚美。疫神欽慕之。變無人夜至其家。竊與之宿。處容自外至其家。見寢有二人。乃唱歌作舞而退。時神現形。跪於前曰。吾美公之妻。今犯之矣。公不見怒。感而美之。誓今已後見畫公之形容。不入其門矣。因此國人。門帖處容之形。以辟邪進慶。……云云。由是觀之。處容即魚鼻大王也。其所居珊瑚宮即海龍宮也。處容妻美女即鉢里公主也。況處容善歌舞。是即巫師之所爲也。

卜師博士皆即古昔所謂師巫也。　我俗謂男巫曰「박수」(Pak Soo)是即卜師或博士之轉也。新羅時有天文博士見於三國史記 恐是師巫亦擬此稱也。

聖神語法又云。鉢里公主。嫁無上仙。帶同七子。携來靈藥東海龍王之如意珠等云 回生其既死之父云云。此段七子。亦是照應東海龍率其七子。現於駕前獻舞奏樂之事。以龍珠救父病云者。　亦從三國史記金春秋傳所謂東海龍女有心病欲得兎肝療病之說話中出來者也。

聖神語法。亡靈薦度。巫祝終結之詞曰。

十方願佛法相圓融。四十八願渡濟衆生。唯願往生極樂世界上上九品蓮花之臺。……南無阿彌陀佛。

云云。觀此巫書。成以俚言。其祈祝之目的。則在妥安神鬼而其信仰之對象則在皈依佛陀。今究曲折原委。是屬程度問題。蓋巫祝尙在原始之狀態。未免幼稚。僧家自有組織的教法。能利自他。所以神事攝於佛法。若磁石之引

針。如乳酥之和水也。僧家屍陁林儀式。誦新羅義相大師法性戒。而巫亦如之。又僧家結道場儀文「一灑東方結道場云云等語。巫亦用之。諸如此類。不一而足。而神攝於佛。果在何時。蓋僧之焚修。三國遺事新羅毗處王射琴匣條有內殿焚修僧之類是也。巫之祈祝。名則異而實則同。然則僧巫之接近。神佛之混合。已在羅代者歟。新羅僧師善作鄉歌。即如現俗之砮盻夫歌所謂兎之肝。「도기타령」(To K ta Ryong)等。疑皆出於羅僧之手。巫之祈祝。亦屬一種歌曲。故其曲本。必出僧手。而傳之既久。不無多少變化者歟。蓋僧師之作歌。出自偈頌而歌咏習於梵唱。故能爲鄉歌及巫歌之倡導者歟。

十三　法祐和尙

巫女賽神之時。一手搖金鈴。一手持彩扇。喃喃而呪。旋旋而舞。唱佛之號。亦呼法祐和尙。此蓋有所自出。世傳智異山古嚴川寺。有法祐和尙者。頗有道行。一日閒居。忽見山澗不雨而漲。尋其來源。至天王峯頂。見一長身大力之女。自言聖母天王。聖母天王即智異山神。見高麗朴全之龍巖寺重創記。謫降人間與君有緣。適用水術。以自媒耳。遂爲夫婦。搆屋居之。生下八女子孫蕃殖。敎以巫術。今山下有百巫村云搖金鈴舞彩扇。唱阿彌陁佛。呼法祐和尙。行於坊曲。以爲巫業。故世之大巫必一至智異山頂。祈禱於聖母天王。而接神云。

第十六章　巫行神事名目

巫行神事、統稱曰「굿」(Kut)蓋我俗語。凶險之事謂之「굿」(Kut)例如天雨之日曰「굿친날」(Kuchinal)喪死之事曰「굿진일」(Kuchinil)以此推之。則巫之行神祀也其目的在乎祈禳凶災。故名之曰「굿」(Kut)者歟「굿」(Kut)之別稱。亦曰「푸리」(Puri)或曰「석」(Suk)意者「푸리」(Puri)譯義爲「解」即解罪求福之事也。今引莊子翼以證其義。

莊子人間世篇云。解之以牛之白顙者與豚之亢鼻者與人有痔病者。不可以適河。此皆巫祝以知之矣。所以爲不祥也。此乃神人之所以爲大不祥也。註。解、祭祀。解賽也。適河。司馬云。沈人於河祭也。如西門豹之事。羅勉道云。古者天子。春有解祀。見漢郊祀志。言解罪求福也。「석」(Suk)譯音爲釋。即釋放解脫也。蓋謂本命繫縛於災苦者。賴此神祀之力。而得釋放解脫之道者也「석」(Suk)之言根。是出僧家用語。蓋我朝鮮佛寺。打曉鍾唱梵唄。名曰「釋」(Suk)。其義即謂地獄衆生聞此鍾梵。即得解脫釋放。免其苦惱者也。今擧其文如左。

願此鍾聲遍法界。鐵圍幽暗悉皆明。三途離苦破刀山一切衆生成正覺。
南無毘盧教主華藏慈尊。演寶偈之金文。布琅函之玉軸。塵塵渾八刹刹圓融。十兆九萬五千十八字一乘圓教大方廣佛華嚴經第一偈。若人欲了知。三世一切佛應觀法界性。一切惟心造。
破地獄眞言。唵迦羅諦儞娑婆訶。

極樂世界十種莊嚴

法藏誓願修因莊嚴。南無阿彌陀佛。四十八願願力莊嚴。南無阿彌陀佛。彌陀名號壽光莊嚴。南無阿彌陀佛彌陀國土安樂莊嚴。南無阿彌陀佛。寶殿如意樓閣莊嚴。南無阿彌陀佛。晝夜長遠時分莊嚴。南無阿彌陀佛三大士觀寶相莊嚴。南無阿彌陀佛。二十四樂淨土莊嚴。南無阿彌陀佛。三十種益功德莊嚴。南無阿彌陀佛
地獄途中受苦衆生。聞此鍾聲。離苦得樂。餓鬼途中受苦衆生。聞此鍾聲。離苦得樂。畜生途中受苦衆生。聞此鍾聲。離苦得樂。修羅途中受苦衆生。聞此鍾聲。離苦得樂。
阿彌陀佛在何方。著得心頭切莫忘。念到念窮無念處六門常放紫金光。
願共法界諸衆生。同入彌陀大願海。盡未來際度衆生自他一時成佛道。
阿彌陀佛本心微妙眞言。唵修哆囉陀。唵阿里多囉娑婆訶。

巫家神祀時或念佛。巫搖彩扇。畫有三佛。此可旁證巫家所謂「푸리」(Puri)或「셕」(Shk)者即莊子所謂「解」。佛家所謂「釋」。同一意義也。今將巫家神事名目。列舉左。

一(城主神祀) 俗稱城主「굿」(Song Chu Kut)。或城主「푸리」(Song Chu Puri)(湖南稱都神굿) 每年十月農功畢多以戊午。俗稱戊午馬日(hra omanal)。行此神祀。蓋自古昔遺傳之俗也。(城主或云成造。詳見下文解釋)

二(落成神祀) 俗稱落成「굿」(Nak Seng Kut)。建造新房屋畢功之後。行神祀以落之。女巫唱地理歌。以讚揚地德之美。而祈祝納福之事。

三(帝釋神祀) 俗稱「뎨셕굿或푸리」(Chei Suk Kut—on Puri)我俗家家奉帝釋爲主穀神。故行神祀於農功畢後(城主神祀同時爲之) 其儀詳見帝釋條。此不贅說。帝釋神祀。亦稱夫婁帝釋神祀。三國遺事云。壇君有子曰解夫婁。又壇君之祖曰天帝桓因。桓因者。佛家所謂帝釋天王之名。故遂相混訛。(佛說詳見壇君條) 此夫婁帝釋神祀。蓋古以來傳於巫覡。至今不變者也。

四〔七星神祀〕 俗稱七星「풀이」(Chil Sung Puri)朝鮮巫風、雖上古遺傳。而至于後世。三國時代被混於道佛兩教。巫覡所行神祀。亦多奉道佛兩家所稱之神。即如帝釋。佛書所云。而七星者。道書所云也。

五〔祖上神祀〕 俗稱祖上「굿」(Cho Sang Kut)。此用女巫請禋祖先神之神祀。恐是高麗以來衛護託神主於巫家之遺法也。

六〔三神神祀〕 俗稱三神「풀이」(Sam Sin Puri)。蓋俗謂保胎之神曰三神。雖然我語謂胎曰「삼」(Sam)。則所謂三神者。即云胎神者也。俗以三神之「三」。作數字看非是。

七〔地神釋〕 是則妥安土地神之神祀也。

八〔城隍祭〕 此則行於城隍堂之神祀。即如李圭景華東淫祀辨證說見五洲衍文云。我東八路。嶺峴處有仙王堂。即城隍之誤。古叢祠之遺意歟。是如中國嶺上之鬭索廟也。或建屋以祠。或壘砂石。成磊磧於叢林古樹下以祠之行人必膜拜唾之而去。或懸絲緯。或掛紙條。髢髮累累而其積礌以祠者。或沿通典馬韓祭鬼神立蘇塗之遺俗也歟。滾槃露云。通典。馬韓祭鬼神立蘇塗建大木以垂鈴鼓。注云。蘇塗有似浮屠。即浮圖。浮圖即塔也

九〔堂神神祀〕 俗稱堂神「굿」(Tang Sin Kut)。各州郡各村落之鎮山多有神堂。祀山神之神祀是也。亦云都堂祭。李圭景五洲衍文云。我東鄉俗多虎豹之患。夜不能出。小民醵錢備牲醴。祭山君於本里鎮山、巫覡紛若鼓之以妥之。名曰都堂祭。

十〔別神祀〕 俗語稱謂別神。(Pyul Sin)。朝鮮古俗。各地市場都會之處。每於春夏之交。擇定期日。或三日或五日行城隍神祀。人民聚會。晝夜飲酒。恣行賭博。官亦不禁名曰別神。蓋特別神祀之縮稱也。其儀立大木設神位餅果酒食。供在桌上。聚巫覡。歌舞以妥其神。巫歌招呼山川神祇。蓋巫覡歌舞以賽神者曰妥靈。今俗呼歌曲爲「打令」者本於此者歟。打令與妥靈音相同。南孝溫秋江冷話。「嶺東民俗。每於三四五月中。擇日迎巫以祭山神。富者馱載。貧者負戴陳於鬼席。吹笙鼓瑟。連三日醉飽然後下家。始與人買賣。不祭則尺席不得與人」云云。按此即別神事也。

十一〔度厄神祀〕 俗稱「액막이굿」(Aik Maki Ku) 每年正月望前行此神祀。豫防一年災厄。

十二〔豫探神祀〕 俗稱「여탐굿」Yottam Kut)男女約婚。而慮有凶煞之星。用巫女行神祀。以豫防災厄者也。

十三〔媽媽神祀〕 俗稱痘神曰媽媽。媽媽者尊稱。即

如娘娘也。俗傳痘神自江南來。故亦稱「손님」(SonNim)譯義星使。兒染天痘則以紙作旗。旗面書曰「江南戶口別星司命旗」而揷于門首。以標識痘家。患痘十餘日始落痂。於是用女巫送痘神。名曰拜送。備芻馬有馬夫牽之。巫唱馬夫打令（歌曲名曰打令）。觀聽者擲錢以賞女巫。

十四（龍神神祀）　俗謂「용신굿」(YongSin Kut)此神祀則行於舟上。又有水府釋。此等神祀。以粟米作飯投水飼魚族。名曰魚布施。俗語訛爲「어부심」(Opu Sim)者。是也。

十五（招魂釋）　凡行大神祀時。則初頭行招魂釋。俗謂招安釋。義亦得。蓋招安魂神妥靈之意也。又有來臨釋(Lairim Sok)。即行神祀時招請神祇。來臨道場。以受供養之義也。

十六（指路歸散陰神祀）　俗稱「지노귀새남」(Chion KuiSai Num)　此即追薦亡靈之神祀也。人死之後。魂寄容界。悠悠蕩蕩。莫知所之。佛家謂之中陰身。故設七七齋及現王齋。追薦靈魂。速爲往生。蓋我巫俗。混於佛事。故行此神祀而終以念佛也。

第十七章　城隍

李能和曰。按城隍(一)猶言城池。易云城復于隍。(二)神名禮八蜡。水庸居七。水庸即城。是爲祭城隍之始。北齊書有慕儼禱城隍獲佑事。唐張說張九齡均有祭城隍文。後唐淸泰中。始封王爵。宋以後。其祀遍天下。明初京都郡縣並壇以祭。加封。府曰公。州曰侯。縣曰伯。洪武二十年。改建廟宇如松公廨。設座判事如長吏之狀。淸因之。例入祀典（見辭源）。是爲支那城隍史。而我東則高麗文宗時。於新城鎭。置城隍神祠。加號崇威。蓋唐宋化也。至于李朝城隍神祠。官私皆祭。最爲普遍。而巫覡聚會淫祀之處也。

一　國行城隍祭

文獻備考云。本朝城隍壇。與風雲雷雨同壇。享城隍之神。神座居風雲雷雨之右。並南向。祀儀見風雨壇。厲祭先行發告祭于城隍壇。又於厲祭日。奉城隍位版行祀于厲壇。

英宗二十年續大典祭祀條。城隍發告祭。先行於南壇後三日。行厲祭於北郊。陪往城隍神並祭。

城隍神祠遍地皆有。巫覡祈祝。必於其神。是故世人謂之淫祀。雖然究厥城隍之神。即皆國都州府郡縣鎭山之神祇。故其神號必加護國二字矣。

二　太祖時諸山川城隍神之封號

李朝實錄云。太祖元年壬申八月。禮曹典書趙璞等上書云。諸神廟及諸郡城隍國祭。只稱某州某郡城隍之神。設置位版。各其守令每於春秋行祭。○二年癸酉春正月丁卯。吏曹請封境內名山大川城隍海島之神。松嶽城隍曰鎮國公。利寧安邊完山城隍曰啓國伯。智異無等錦城鷄龍紺岳三角白岳諸山晋州城隍曰護國伯其餘皆曰護國之神。○四年乙亥九月丙申。命吏曹封東山爲護國之神。冬十二月戊午。命吏曹。封白岳爲鎮國伯。南山爲木覓大王。禁御大夫士庶不得祭之。

三　太宗時城隍祀典

太宗六年丙戌春正月戊戌。給白岳城隍神祿。前此給祿於松岳城隍神。以定都漢陽。故移給之。六月禮曹啓新都城隍之神。乞就舊基立堂以祭。從之。漢陽府城隍舊基也。○十二年十一月乙巳。命議政府議神佛事。星山君李稷曰。城隍雖在高山。旣稱祭城隍。則所謂祭山川似不同。令攸司參考古典施行。文武官五六人曰。神佛之事不可遽革。事遂寢。○十三年癸巳六月。改正祀典禮曹啓曰。謹按文獻通考。山川封爵。肇自武后。至宋眞宗朝。五岳皆封爲帝。又各封后。陳武曰。帝只一上帝而已。安有山而謂之帝。又立后殿於其後。不知何山可以當其配。而爲夫婦耶。洪武禮制祀。岳鎮海瀆。皆稱某岳某海之神。而未有封爵之號。前朝於境內山川。各加封爵。或設妻妾甥姪之像。皆與祭。誠爲未便。及我太祖卽位之初。本曹建議。各官城隍之神。革去爵號。但稱某州城隍之神。卽蒙俞允。已爲著令。有司因循至今。莫之擧行。爵號像設尙仍其舊。以行淫祀。伏望申明太祖已降之敎典。但稱某州城隍之神。只留神主一位。其妻妾等神。悉皆去之。山川海島之神。亦留主神一位。皆題木主曰某海某山川之神。其像設竝皆撤去。以從祀典。從之。

四　世宗時山川壇廟之制

世宗六年甲辰二月丁巳。上命詳定所。提調星山府院君李稷等曰。各處城隍及山神。或稱大王太后太子太孫。無理爲甚。是誠妖神。古者設壇於山下而祭之。今若紺岳等立廟於其山之上。屋其山而祭其神。狎褻不敬且古禮。惟國君得祭封內山川。今庶人皆得祭焉。名分不嚴。予則以爲設壇於山下。置神板。只書某山之神。只行國祭。禁民間淫祀。以正人心。卿等悉稽封爵立廟古制以聞。於是。李稷與大提學卞季良。吏曹判書許稠禮曹判書申商等。稽古典。以爲山神封爵。始於唐宋。本國封爵山神。立廟山上。上下通祭。其來已久。又鬼神配匹有無。難以臆測。臣等以爲莫如仍舊。初許稠申商切欲能之。及聞稷與季良之言。遂同辭以啓。○十九年禮曹據諸道巡審別監啓本。詳定岳海瀆山川壇廟。及神牌制度。咸吉道國行永興府永興城隍祠廟位版。書永興城隍之神。咸興府咸興城隍祠廟位版。書咸興城隍護國伯神。請削護國伯三字。忠淸道國行德山縣伽倻岬廟位版。書伽倻岬神。右位版與城隍位版連排。縣人聚會淫祀。請造壇山麓致祭。全羅道國行全州城隍壇位版。書全州城隍之神云云。

五　李瀷論城隍

星湖僿說城隍廟條云。人有問城隍之義者不知所本。據五禮儀。厲祭祝辭。無致祭于無祀鬼禮。人之死生有萬不齊。從古迄今。不得良死者其類不一。或在戰陣而死國。或遭鬪敺而亡軀。或以水火盜賊。或罹飢寒疾疫或爲墻屋之頹壓。或遇蟲獸螫噬。或陷刑辟而非罪。或因財物而逼死。或因妻妾而殞命。或危急自縊。或沒而無後。或產難而死。或震死。或墜死。若此之類。不知其幾。孤魂無托。祭祀不及。陰魂未散。結而爲妖。是用告于城隍。召集羣靈。侑以淸酌庶羞。惟爾衆神。來享飮食無爲厲災。以干和氣。又有城隍發告祝云。將以某月某日。設壇北郊。祭闔境無祀鬼神。庶資神力。召集赴壇然則城隍者卽厲祭之大者也故使之召集羣神而享之也。程子曰。如今城隍神之類皆不當祭。又曰。城隍不典土地之神社稷而已。何得更有土地耶。此則雖曰非禮而似指后土之類。與我國祝辭微不同也。城隍字本出易上六爻辭。謂城池也。傳所云掘隍土積累以成城者是也。意者。城池者人所聚居。祀其神。使率人之不得良死者耳。按陸游鎭江府城隍忠祐廟記云。漢將軍紀信爲其地城隍神。旣云城隍。何得更有他鬼爲之主耶。又有寧城縣城隍祠記云。城者以保民禁姦通節內外。其有功於人最大。自唐以來。郡縣皆祭城隍。在他神祠上其禮顧不重歟。游之言前後不侔如此。輿地勝覽。壯節公申崇謙死爲谷城城隍神。金洪術爲義城城隍神。蘇定方爲大興城隍神之類。不可勝記。與紀信鎭江同例其事可怪。蓋社稷者。土穀之神也。左傳共工氏有子曰句龍。爲后土爲社。烈山氏之子曰柱爲稷。自夏以上祀之。周棄亦爲稷。自商以來祀之。此疑若句稷死爲社稷之神然。其實配食也。非眞爲土穀之神也。意者。向之紀信之徒。其神配食於城隍。而後人迷其本實。妄謂人死之鬼。爲城隍神耶。余居安山郡。一日。郡守某遣鄕巫。首來問厲祭期迫。閱視位牌。則題云折衝將軍。不知如何余只據時典五禮儀爲對。折衝將軍。恐是襲謬不知其人後果何以處也。此必因谷城義城之例誌誤。而不改也。縱曰死而配食。豈有直書城隍神牌之理。

六　淫祀城隍

（一）中宗時外方城隍堂

李朝中宗十一年五月癸丑。御晝講。参贊官金安老啓曰。所謂淫祀如外方城隍堂之類也。有時城隍神下降云則一道噴咽奔波。安有如此無理之事乎。記事官柳成春曰。安老所啓外方城隍堂之事甚爲怪妄。稱城隍神下降之時。雖士族男女。無不奔波聚會。其中羅州錦城山城隍尤甚焉云云。

（二）李星湖論城隍

李瀷星湖僿說云。國俗喜事鬼。或作花竿。亂掛紙錢。村巫恒謂之城隍神。以爲惑民賭財之計。愚民畏懾競輸之。官無禁令可異也。

（三）李圭景論城隍

李圭景華東淫祀辨證說云。我東八路嶺峴處。有仙王堂。即城隍之誤。古叢祠之遺意歟。是如中國嶺上之關索廟也。或建屋以祠。或壘砂石。成堆積於叢林古樹下以祠之。行人必膜拜唾之而去。或懸絲縷。或掛紙條髮髮累累然。而其積磊以祠者。或沿通典馬韓祭鬼神立蘇塗之遺俗也歟（漢繁露云通典馬韓祭鬼神。立蘇塗建大木以垂鈴鼓。法云蘇塗有似浮塗。即浮圖浮圖即塔也。）

（四）輿覽及邑誌所載各郡城隍

海州城隍祠三間。在州前南山臨海。東大王大妃位。北上室聖皇位。南山堂位。中室之神位。下室之神位十二諸神位。西姑婦人神位。下堂巫主之神位。祭器置八爵八。州官致祭（海州舊邑志）

槐山城隍神。人物考云。朴世茂。號逍遙堂。監察義孫曾孫。在槐山村舍。其俗溺淫祀。稱城隍神。擎以周行閭里世茂取其旗竿珠翠悉燒之。自是其弊遂絕。（輿覽）

安風城隍祠。在琵琶山。俗傳靜聖大王之神。凡水旱疾疫。祈禱輒應。故祭之者輻湊。其紙布輸于活人署（輿覽）

梁山城隍祠。世傳金忍訓佐高麗太祖。位至門下侍中死爲祠神（輿覽）

義城城隍祠。在縣北三里。俗傳金洪術。貌似麗祖。與百濟甄萱戰敗死之。仍祠于此（輿覽）

密陽城隍祠。在推火山。世傳府吏孫兢訓佐高麗太祖有功。追贈三重大匡司徒。封廣理君。即祠神也（輿覽）

全州城隍祠。在麒麟峯。李奎報有靈驗記。（新增）觀察

使李彥浩毀像。代以位版。輿覽
固城城隍祠。在縣西二里。土人常以五月一日至五日相聚。分兩隊載神像。竪綵旗。遍歷村閭。人爭以酒饌祭之。儺人畢會。百戲具陳。輿覽

（五）　咸山城隍祠

許筠撰惺所覆瓿藁謹加林神云。咸山之巓。有祠翼然謂之城隍。民祀式虔。居忽一日。霧埃翳天。霾以土雨長飆歘煽。掀林簸宇。吹神像顚。翌早巫來。整其神筵理髮飾衣。風又吹旋。如是者三。余甚怪焉。問巫何故巫拜以言。咸神爲夫。林神爲婦。咸溺於媵。謂婦孔醜婦怒其媵。來輒踐蹂。從之風雨。以濺以懲。裂夫之衫夷媵之首。去而旋來。倏夜而晝。巫靈不靈。力難解鬪只改冠裳。葆其土偶。余曰嗟唏。神敢獅吼。吾列神慫訊之北斗。燒香焚辭。庭下以俟。曰我后皇。分土畫州各有主神。俾民蔭庥。暘若雨若。以利其稷。苟失其職天必降尤。燹社伐廟。爲神之羞。今茲二神。夫婦好仇限一衣帶。裂地以俟。茲祀相望。享之千秋。宜降福祜以豐其疇。風順雨調。黍苗油油。胡爭其寵。怒閃其睟乘以豐隆。持其電矛。揚霧蹋飈。來艾神幬。劈斮其腰仍毀神旒。大噉跳擲。威厤忩歐。狺狺鬭睢。指好爲讐因沴以臻。害收害蕕。害于我稼。爲民之憂。一之爲甚三五不休。推皇孔昭。鑒其作孽。聲罪以討。命我喉舌云云。言訖再拜俟命以跪。俄有靈降。來提我耳。曰巫之誣。非神之戾。嘉林非女。亦惟男子。以神攻神。安有此理。風霧之災。惟民所致。民之暴殄。崇覡淫祀。不敬以慢。惟褻是事。不忠不孝。不信不義。姦射駔儈。機巧仰利。來佩符者。亦罕循吏。陰饕陽飾。沽譽掠美。誕謾愳脅。惟矯無恥。敎化不施。上下相詭。以此事神。神其宜怒。爾沴降災。皆職由此。不思其咎。反加媟戲。謂鬪勃谿。傳言無忌。神益觰怒。災益疊至。當罰之行。惟巫是視。大夫之明。其亦惑是。矧世愚者。其眩固易。余拜稽首。以謝不智。擧頭以望。神已猋擧。仰睇長空。不見其處。

第十八章　京城巫風及神祠

我俗凡人之歌舞鼓興者。謂之有神。蓋取比於巫者也。有女將爲巫。則其人先病數旬。藥石不能治。必欲跳舞然後快於心。是知有巫神使然。於是百家乞米。以辦餠果。請巫爲師。名曰神母「신어미」(Sin Omi)。行大神祀。謂之身解神祀。「몸굿」(MomKut)其人跳舞一場。則巫神接而病

若失。自爾從神母學巫業。京城謂巫爲萬神。蓋喩其無神不祀也。京巫所奉之神。有府君神 君王神。大監神。殿內神。又有南山國師堂。仁王山七星堂。其他家宅神及痘神亦皆巫行神祀之處也。

一 付根堂

(一)〔付根神〕 李朝實錄云。中宗十二年丁丑八月丙辰國俗各司內。皆設神以祀。名曰付根。行之旣久。莫有能革者。至是。憲府先焚紙錢。傳關各司。皆焚之。禁其祀。人多稱快。

李圭景撰五洲衍文有華東淫祀辨證說曰。今京師各司有神祠。名曰付根堂。訛號府君堂。一祀所費。至於累百金。或曰付根。乃宋氏姐所接。四壁多作木莖物以掛之。甚淫褻不經。（或曰付根者。旣爲官司之根。其懸木莖者。以寓人之根爲腎莖。故作莖物以象之也。） 外邑亦祀之。中宗己卯。罷各司付根神祠。先是國俗。各司付根。其來己久。至是先焚紙錢。傳關各司。皆焚之禁其祠。人多稱快。

能和按木莖物爲宋氏姐而設。付根之名由木莖物而起。宋氏姐云者。恐即所謂孫閣氏者是。俗謂處女未及嫁而死者。名曰孫閣氏。孫與宋音近相通也。

(二)〔府君神〕 增補文獻備考云。本朝國俗。都下官府例置一小宇叢祠掛紙錢。號曰府君。相聚而瀆祀之。新除官必祭之惟謹。法司亦如之。魚孝瞻爲執義。下人告以故事。孝瞻曰。府君何物。令取紙錢焚之。前後所歷官府。其府君之祠率皆焚之。

能和按。諸府君堂。其所奉祀各異其神。例如刑曹之府君曰宋氏夫人。典獄之府君曰東明王。其他有諸葛武侯。文天祥等神。而奉高麗恭愍王者亦多。或以爲麗末遺民。多爲各司吏員。每思舊國之王。作祠而祀之云云。吾謂府君神之名。恐是出於地名。各郡。亦有府君堂。而其神概多守宰之死於任所者。而守宰亦稱府君故也。（府君漢時太守之稱）

(三)〔附君〕 李晬光芝峯類說曰。今俗衙門。例有禱祀之所。號附君。新除官必祭之。謂爲祈福。蓋出於巫覡不經之事也。昔魚孝瞻所歷官府。其附君之祠悉皆焚之官至一品。子世謙亦位至政丞。安在其禱祀乎。

能和曰府君之祠。附屬於官司。而其禱祀之對象。乃神君也。故李芝峯。稱其名爲附君者歟。

二 君王神

君王神。俗號君雄。乃君王之訛也。或云高麗君王之神或云君王之不得其死者。例如李朝 英宗之子莊憲世子。寃死斗庋（大木櫃曰斗庋）之中。故俗號斗庋大王。即是君王神也。余問於老巫、君王何神、巫曰凡居宮者死於任所者曰君王神、民家行君王神祀時。女巫必著戎服。如武將儀。故婦女畏之。

三　大監神

據巫所云。大監之神、共有十餘、曰殿內大監、即關壯繆也。曰土主大監。或云地神大監、曰守門將大監、即門神也曰往來大監、謂浮游之鬼也曰府君大監。曰君王大監。曰建立大監。曰業王大監（即財神也）曰龍宮大監。即水神也曰戶口大監。即痘神也。曰城主大監、即城主神也。此等大監皆巫之所稱。以誘婦女。行神祀而取財者也。

四　魍魎神

我語魍魎曰獨甲。巫則稱獨甲曰大監。俗謂魍魎作亂多苦惱人。或投石以打窓戶。或取物以懸樹杪。或放火以燒家屋。則召巫覡行神祀以祈禱之。京城內自點電燈以來、所謂魍魎一時屛跡。蓋幽陰之鬼。畏光明而然也。

五　殿內神

京城內姑婆之輩。自謂關聖帝君降于己。造祠廟奉神像。問卜者往焉。祈禳者往焉。取金錢以營生也。

六　孫閣氏鬼

俗傳孫氏家有閨女、未嫁而死者。名曰孫閣氏鬼、奉此鬼之家、有閨女。欲嫁之先。請女巫行預探神祀。（여탐굿）（Yotam Kut）蓋預探神意然後嫁之。作嫁衣。將匹頭截小片段。如洋服商之衣料見本。入于所奉之神箱中凡有飮食新物必先薦之。蓋閣氏者。閨女之稱。孫即客之義。謂侵害也。其奉閣氏之法。作雛形女像。如兒女輩所戲之紫姑𢇁。著之以綠衣紅裳。粧奩諸具。一如生時之用、入于紙箱。藏之簞笥。時招巫女。行神祀以妥之。我朝鮮地方之俗。閨女未嫁而死。則其葬法頗奇用蕎麥麵餠、塞其七竅。又執麵餠於兩手。衣以男子之服。以布作橐袋、包裹全體。埋於十字街心之地。蓋防其孫閣氏鬼者然也。

七　木覓山神祠（南山之國師堂）

李朝實錄云、太祖四年冬十二月。命吏曹封南山爲木覓大王。禁卿大夫士庶不得祭。

輿覽云。木覓神祠在木覓山頂、每春秋行醮祭。

五洲衍文云。京城木覓山蠶頭峯之國師堂淫祀、以木覓山神享祀時。典祀廳私稱國師堂。掛高麗恭愍王。本朝僧無學高麗僧懶翁。西域僧指空像。及他諸神像。又有盲者像小女兒像。女兒則以爲痘神云。神前設脂粉之屬甚褻。祈禱頗盛。國不禁焉。

八　白岳山貞女夫人廟

天倪錄云。權石洲韠。兒時遊於白岳山。山頂有神宇。即俗所謂貞女夫人廟也。安影幀于其中。祈福者相屬。石洲奮然曰。何物女子。乃爾怪誕。天地鬼神昭布森列。豈容汝女鬼行胸臆。作威福於淸顯之世乎。仍毀裂其影幀。而是夕。夢有一婦人白衣青裙。含怒而前曰。妾即天帝女也。嫁帝前國士。賜號貞女夫人。麗運既去。天佑李氏。移鼎漢陽。而帝命國士。降于木覓。以鎭東土予思念不已。帝憐其意。許降白岳與木覓對峙。妾居此土。垂三百年。畢竟爲汝童子所凌暴。吾將上訴于帝。後數十年當邊。君其危哉。其後石洲竟坐詩禍。被逮拷掠遂配北塞。夕次城東旅舍。又見一婦人。立於枕邊。即曩昔所夢也。附石洲耳語曰。君其識我否。我即貞女夫人也。今日吾得以報之矣。是夕石洲遂逝。

九　肅淸門神像　(肅淸門本肅靖門也)

柳得恭京都雜誌云。都城北門曰肅淸。恒閉而不用。澗壑淸幽。正月念前。閭巷婦女。三遊此門。謂之度厄。

李圭景五洲衍文云。肅淸門國都北門。而以拘忌閉置不開。如開此門。則都中多桑中河間之變。故錮廢不用云。門楹掛諸神像。歲初閭里女流坌集祈禱。

十　仁王山七星堂

五洲衍文云。城內仁王山七星菴。有神堂。祈禱日至。士人若齋禱則必中科甲。故儒生種種往禱云。

十一　家宅神

禮有五祀。二月祭戶。五月祭竈。六月祭土。八月祭門。十一月祭井。皆有常典。由是觀之。戶有戶神。竈有竈神。土有土神。井有井神。家宅之內。無處無神。合而言之。皆家宅神也。然而我俗人家。家家所奉之神名稱。有城主神。土主神。帝釋神。業王神。守門神。及竈王神。

(一)　城主神

城主者。統管家宅之神名。俗以十月(十月謂之上月)。用巫禱祀。名曰安宅。安宅祠事。有城主釋。(俗名城主푸리 푸리譯義爲釋)(Sung Chupu i)或曰「셩쥬바디굿」(Sung Chu Pachi Kut)譯義爲奉安城主神事也。城主「바디」(Pa Chi) 隨地異俗。京城則用白紙。裹銅錢。作帖折。醮于淸水。貼在樑面。趁其未乾。擲白米貼其上。忠淸北道則。如京城之式。而但貼於上柱。(俗呼屋之中柱曰上柱也)平安道及咸鏡道則盛

米于缸。安于樑上。

人家以十月爲上月。邀巫迎成造之神。設餠果祈禱以安宅。（洪錫謨撰東國歲時記）

今人家每十月農事畢。以新穀蒸大甑餠。兼設酒果而賽神者曰成造。成造者成造家邦之意。此檀君始敎民居處之制。造成宮室。故人民不忘其本。必以降檀月報賽神功也（大倧敎編神檀實記）

李能和曰。今將城主釋之巫歌。試譯其義而觀之。則如安東鸞院。曰神本鄕。種松子兮。于彼高岡。而生而長爲棟爲樑。伐材伐木。上山之陽。作筏作桴。下水之梁（此下橫說竪說東語西語意義不貫通故譯止此。）云云等語。蓋有成造家舍之義。雖然神名城主土主。常作如是解釋。蓋主者即主管城池人民之稱。即如城隍神之義也。故巫之妥靈（俗稱巫歌曰妥靈。蓋出自城主神祀）呼請山川神祇爲主要點。由是推測。可知其義。又如人民若有祖先墳墓之鄕。則對其郡守稱呼城主。若無祖塋而但有住宅。則對其郡守稱呼土主。蓋城主義廣而大。土主義狹而小。家宅神之稱城主稱土主亦復如是而已。

（二）土主神

我俗人家奉土主神。其儀以米與布。盛之藁橐。置于篭之後壁。凡家買匹緞。剪其尺頭。（俗名조각）懸掛神橐。如麵店絲紙之樣。（今俗麵店剪紙條懸竿頭名曰絲紙即招牌也）十月農畢。安宅神祀。巫女作法。先城主而後土主。故土主釋謂之後殿釋。「뒤뎐푸리」（Tu Chon Puri）

（三）帝釋神

帝釋神究其源。則出於佛俗。蓋三國遺事古記桓國之下。一然禪師（三國遺事著者）註曰「謂帝釋也」四個字者。以爲其本。轉輾流誤。遂使桓國之神市。變成天王之帝釋矣。而今巫家扇面。畫有三佛。稱謂三佛帝釋者即是也。奉帝釋神。與奉城主神土主神其儀叉異。盛米白缸。安置樓房。每歲秋熟。更以新米。用其舊藏之米。蒸造白餠之餠。并以素饌淸酌。獻供其神。女巫歌以侑之。謂之帝釋「거리」（Kori）거리者譯義歌調也。以帝釋爲主穀神。是出佛俗。佛寺除夕日。寺衆各持齋米。齊到米庫之處。設位安帝釋神〈釋提桓因位〉僧衆三拜。納米庫中。自元日爲始。寺中別座（別座謂掌齋米僧即米頭也）每朝夕齋時（取米炊飯之時）先行三拜于釋提桓因位然後。取米炊飯。蓋釋提桓因。其名與檀君之祖名相混。而檀君固主穀者也。故轉變爲帝釋神矣。

（四）業王神

業王者財神之謂也。俗作業樣。樣即王之轉。例如俗呼十王世界曰十樣世界也。俗奉業王。其類有三曰人業。(俗謂人業其狀如小赤子)曰蛇業。曰鼬業。(鼬俗名족저비)家內擇地築壇。而土器盛禾穀。置於壇上。編苫藁草掩之者。稱扶婁壇地。或稱業王嘉利。(我俗謂禾穀之堆積者曰露積嘉利)即掌財之神也。檀君子扶婁賢而多福。故國人奉爲財神云。(神檀實記)

李能和曰。業王嘉利。其義不出平常所見。即如堆積穀物之處。每見蛇盤鼬棲。人以爲守穀神。遂乃轉稱業王者歟蛇業之說又如下文。

「金剛山靈源庵異蹟記云」 靈源祖師姓金氏。慶州人童眞出家。祝髮於東萊梵魚寺明學禪師。侍養多年。忽然一日發心行道。遊覽諸山。蹟之古者必尋。僧之高者必叩。終至此處。隱修禪業。一日定中。忽聞南穴峯下。有治罪聲。震動天地。師於定中。側耳靜聽。則以閻王令捉上其師明學。數罪鞫治。少頃命以金蛇報。因以業鏡臺。祖師出定諦思。則師在世之日。貪業深重。竟至於此。自是日三朝金蛇窟前。叩頭涕泣。常誦神呪。忽然一日不見金蛇。祖師復從定中視之。則前世貪業猶不消磨。往守梵魚寺庫中物。祖師遂治裝南歸。爲其師設九齋於梵魚寺。齋薦之夕。門徒煎粥一器。手自擎捧。往開庫門。果有巨蟒。垂淚叩頭。祖師撫之曰。吾師以前世貪業。慳貪不施。不信因果。今受此報。願受法食。速求解脫。蛇聞法語已。轉到一柱門外。擧身叩石三下而斃。祖師接引靈魂而歸。道中或遇畜趣交葬。每欲隨入祖師十分謹護。至於江原道三陟境內。忽投金氏胎中。翌朝祖師訪金氏曰。十朔之後。必生貴子。七歲之後。出家修道。其時吾當再來率歸矣。言訖而歸。七年之後。如約携歸。使之晝夜六時講究禪理。宿習所障。卒難開悟祖師乃設方便。置之後院密室。針穿窓紙一竅曰。必有大牛從此而入。害汝性命。盡力看護。勿令闖入。兒旣確信。兢兢孜孜。奄及七年。一日大叫曰。窓外有牛欲入窓孔。師知機緣漸熟。復敎之曰。極盡防護。使不得入。兒轉益勇猛視之七日。牛從窓孔而入。兒遂大悟。因名後院祖師云云。洞中有十王峯。業鏡臺。黃泉江。金蛇窟。使者峯等

云云。此段傳說。靈源梵魚兩寺之中。自古而有。蓋以愛財故爲蛇守庫。此是佛家輪廻因果之說。今俗謂富而吝嗇(守錢虜)者曰。此人死必爲蟒。守其財庫。皆本於此等傳說也。大抵朝鮮神事之俗。有三系統。一則古代流傳之

巫風。二則道家祈醮之符呪。三則佛家因果之法門·混合成俗。至于今日。甚難分開。何者爲道家之說。何者爲佛家之說。何者爲巫家之說也。

（五） 竈王神

論語有媚於竈之語。蓋竈者烹造飮食之所。於生活上最爲重要。則神以祀之。蓋以此也。李睟光芝峯類說。范至能祭竈詞曰。男兒獻酌女兒避。稗史云。竈必避祭婦人。又曰。竈神常以月晦上天。白人罪狀。己丑日卯時上天行署。此日祭則得福云。中朝人皆祭竈。故朱子有祀竈神文。載於家禮儀節。似當倣而行之云云。李能和曰。李芝峯於諸神祀皆斥爲不經之事。而獨竈神則以中朝人祭之。朱子祭之。故曰當倣而行之云云。是無自己定見。而徒拜華人之後塵者也。此弊非徒芝峯爲然朝鮮儒學者。亦莫不皆然者也。我俗祭竈。只用鐺飯（俗呼노子메）。又或長燈以明之。名曰因燈。因燈即謂神燈也。蓋壇君之父桓因天王爲神市之主祭者。故謂因爲神。必自神市流傳者也。

（六） 守門神

山海經大荒北經云。大荒之中。有山。名曰衡天。有先民之山。有槃木千里。郝懿行註云。懿行案。大戴禮五帝德篇云。東至于蟠木。史記五帝紀同。疑即此也。劉昭注禮儀志。引此經云。東海中有度朔山。上有大桃樹蟠屈三千里。其卑枝名曰東北鬼門。萬鬼出入也。上有二神人。一曰神荼。一曰鬱儡。主閱領衆惡之鬼害人者執以葦索而用食虎。於是。黃帝法而象之。毆除畢。因立桃梗。於門戶上書鬱儡。持葦索以御凶鬼。畫虎於門當食鬼也。論衡訂鬼篇。引此經大意亦同。案王充劉昭所引。疑本經文。脫去之也。太平御覽九百六十七卷。載漢舊儀。引此經。亦與王劉同。李善注陸機挽歌詩。引此文。作海水經曰。東海中有山焉。名度索。上有大桃樹。東北瑰枝名曰鬼門。萬鬼所聚。史記五帝紀注。亦引此文。而作海外經云云。蓋誤也。類書云。黃帝時。有兄弟二人。長名神荼。次名鬱壘。善能殺鬼。後人至海度朔方。見有大桃樹。蟠屈三千里。下有二神。幷執草索。以繫不祥。即此故俗。於除夕。造桃符著戶。幷畫像於門。謂之門神。取其辟厲也。桃符艾人語。桃符仰罵艾人曰。爾何草芥而輒據吾上艾人俯謂桃符曰。爾已半截入土。安敢更與吾較高下乎。門神傍笑而解之曰。爾輩方且傍人門戶。更加爭閑氣耶。周禮註。桃茢桃鬼所畏。茢掃不祥。（郭註）桃梗桃符。所以辟鬼。一云木偶人。

李朝實錄。太宗十一年辛卯五月丙寅。命罷經師之業不果。王見闕內門戶端午符。謂代言等曰。此必禳災之術。何其爲之不一耶。代言等問諸經師僧。對曰。但師授耳。實無符本也。王曰。今後令書雲觀掌之。經師之業則宜罷之。代言等曰。此僧雖非正術。送死者賴之久矣王曰姑存之。

柳得恭撰京都雜志。五月五日。觀象監朱砂搨辟邪文粘門楣。五月五日天中之節。上得天祿。下得地福。蚩尤之神。銅頭鐵額。赤口赤舌。四百四病。一時消滅。急急如律令。又云。壽星仙女。直日神將圖。謂之歲畫。又金甲二將軍像。長丈餘。一持斧。一持節。揭于宮門兩扇曰門排。又降袍烏帽像。揭重閤門。戚里及閭巷亦得爲之。畫隨門扇而小。門楣又粘畫鬼頭。俗以金甲者爲尉遲恭秦叔寶。絳袍烏帽者爲魏鄭公。按宋敏求春明退朝錄。道家奏章圖。天門守衛金甲八葛將軍掌旌。周將軍掌節。今之門排。似即葛周二將軍。而世俗乃以傳奇中唐文皇時事傳會之爾。

洪錫謨撰東國歲時記。按漢制有桃印。以止惡氣。作赤靈符。皆端午舊制。而今之符制。蓋出於此。又云。俗以金甲者爲四天王神像。或以爲尉遲恭秦叔寶。又云。元日圖畫署畫壽星仙女直日神將圖。獻于公。亦相贈遺名曰歲畫。又畫鍾馗捕鬼貼戶。畫鬼頭貼楣。以辟邪怪諸宮家戚里門扇。亦皆揭之。閭巷又多效之

金邁淳撰洌陽歲時記。元日。圖畫署進歲畫。金甲神將貼宮殿門。仙人雞虎貼照壁。或頒賜戚畹近臣家。

李能和曰。門神之像。據諸記錄。或謂神荼鬱壘。或謂尉遲恭秦叔寶。或謂葛周二將軍。歲畫又有壽星仙女。直日神將。又鍾馗與鬼頭。觀其神名皆支那人。是皆出自道家風俗。究其來源。必自高麗中葉始行東土。蓋高麗睿宗時得宋之道教。立道觀。福源宮是。置羽流。則門神像設當在其時也。我俗立春日。閭巷人家或書神荼鬱壘四個大字。分貼門扇。是則以書代畫者也。而神荼鬱壘始於黃帝時。黃帝治仙術者。故道家者流。如是附會之耳

我東風俗。帖詞辟鬼。帖像辟邪。始於新羅時代。三國遺事鼻荊郎及處容郎事是也。是可謂固有之東俗。而與道教沒交涉者也。今引遺事。以溷參考

三國遺事鼻荊郎條云。第二十五舍輪王。謚眞智大王姓金氏。妃起烏公之女知刀夫人。大建八年丙申即位御國四年。政亂荒淫。國人廢之。前此沙梁部之庶女姿

容艷麗。時號桃花娘。王聞而召致宮中。欲幸之。女曰女之所守不事二夫。有夫而適他。雖萬乘之威終不奪也王曰殺之何。女曰寧斬于市。有願靡他。王戲曰。無夫則可乎。曰可。王放而遣之。是年王見廢而崩。後二年其夫亦死。浹旬。忽夜中。王如平昔。來於女旁曰。汝昔有諾。今無汝夫。可乎。女不輕諾。告於父母。父母曰君王之敎。何以避之。以其女入於房。留御七日。常有五色雲覆屋。香氣滿室。七日後忽然無蹤。女因而有娠。月滿將產。天地振動。產得一男。名曰鼻荊。眞平大王聞其殊異。收養宮中。年至十五。授差執事。每夜逃去遠游。王使勇士五十人守之。每飛過月城。西去荒川岸上率鬼衆游。勇士伏林中窺伺。鬼衆聞諸寺曉鍾各散。郞亦歸矣。軍士以事來奏。王召鼻荊曰。汝領鬼遊信乎。郞曰然。王曰然則汝使鬼衆成橋於神元寺北渠。荊奉勅使其徒鍊石成大橋於一夜。故名鬼橋。王又問鬼衆之中。有出現人間輔朝政者乎。曰有吉達者。可輔國政。王曰與來。翌日荊與俱見。賜爵執事。果忠直無雙。時角干林宗無子。王勅爲嗣子。林宗命吉達。創樓門於興輪寺南每夜去宿其門上。故名吉達門。一日吉達變狐而遁去。荊使鬼捉而殺之。故其衆聞鼻荊之名。怖畏而走時人作詞曰。聖帝魂生子。鼻荊郞室亭。飛馳諸鬼衆。此處莫留停。鄕俗帖此詞以辟鬼

三國遺事。處容郞條云。第四十九憲康大王。遊開雲浦（在鶴城西南今蔚州）王將還駕。晝歇於汀邊。忽雲霧冥曀。迷失道路怪問左右。日官奏云。此東海龍所變也。宜行勝事。以解之。於是。勅有司。爲龍刱佛寺近境。施令已出。雲開霧散。因名開雲浦。東海龍喜。乃率七子。現於駕前。讚德獻舞奏樂。其一子隨駕入京。輔佐王政。名曰處容。王以美女妻之。欲留其意。又賜級干職。其妻甚美。疫神欽慕之。變無人。夜至其家。竊與之宿。處容自外至其家見寢有二人。乃唱歌作舞而退。時神現形。跪於前曰吾羨公之妻。今犯之矣。公不見怒。感而美之。誓今已後見畫公之形容。不入其門矣。因此。國人門帖處容之形以辟邪進慶。

鄭東愈晝永編。正月十四閭。閭以藁草爲人形。納若干錢於其中。頭腹臂股無所定處。又或以小兒襦袴等衣被其體。名曰處容。以爲除厄之法。及黃昏。街上兒童十百爲羣。逐家問處容有無。有者投之。門外羣譟。各執其頭脚。左右扯奪。遂片片裂碎。乃各檢其所執之體有錢者得之。名曰打處容。事無倫義。而亦行之已久。不

知其始。疑亦元時遺習。元史歲十二月下旬。於鎮國寺墻東。束稈草爲形剪雜毛綵段爲之腸胃。選達官世家之貴重者交射之。至糜爛。以羊肉祭焉。祭畢帝后及太子嬪妃。再射者各解所服衣。俾蒙古巫覡。祝讃畢遂以與之。名曰脫災。此其法與處容彷彿也。

十二　痘神

李能和曰。我朝鮮之有天然痘。考其始原。則大約距今四百餘年前。自支那方面。傳染而來。不知幾千萬人命爲其犧牲。朝鮮舊無人口死生統計之法規。故因痘病死者無從可稽。雖然。人口由是而不增有減。應亦事實也。盖此痘疫。綜合諸說。其痘源地皆以馬援征交趾時其軍隊傳染此病。仍爲流布於支那本部。而又自支那。傳染朝鮮也。清袁枚隨園詩話云。痘神之說不。見經傳。蘇州名醫薛生白曰。西漢以前。無童子出瘡之說。自馬伏波征交趾軍人帶此病歸。號曰虜瘡。不名痘也。語見醫統。李朝李晬光芝峰類說云。格致叢書曰。痘瘡始於漢光武時。馬援南征。染得虜疫。又東國醫方曰。天疱瘡。正德年後始自中朝傳染而來。中朝亦舊無此疾。出自西域云。李圭景五洲衍文云。若論痘病之始。則三古無見。故內經不見。自魏以來。始有之。隋巢元有痘論無藥方。唐孫眞人思邈始出治方。或言秦時製字有痘。其瘡似痘象形也。秦扁鵲方有三豆湯。曰能免天行痘云。則痘自秦世始有而特不如後世小兒之必經。故略之也。按格致叢書。痘瘡始於漢光武時馬援南征。染得虜疫云。

我朝鮮。自有痘疫。或間歲。或連年。發生流行。傷害人命盖始染天痘。自始痛。至發瘢起瘡。貫膿收痘落痂計各三日。須十餘日。方得出場。天痘之行。俗甚恐怖。以爲有神。供奉祈祝。無所不至。兒痘發生之日。即造紙旗。書曰「江南戶口別星司命旗」懸于門扉之上。待落痂畢。招巫送神。其云江南者。盖巫語謂支那曰江南。則此謂痘神。自支那而來也。其云戶口者。謂痘神逐戶逐口。不遺一人。盡行染痘也。其云別星者。謂帶使命之特別客星也。俗云痘神曰「손님」(Son Nim)譯即客星也。別星之義見于牧民心書。茶山筆談曰。御路之脊鋪以黃土。未詳其所始。或云象太陽黃道。未知然否。奉命使臣。入郡縣。另以黃土一番。瀉于兩旁。亦自五里亭抵官舍而已。巫送疫鬼。亦用此法。以其名別星也云云者是也。又我俗語。謂痘神曰疫神媽媽。媽媽者娘娘之謂也。其曰司命者。謂痘神司理人之生命也。其送神之儀。用馬及馬夫。以備神乘。其他儀仗。一如官曹出行之時。無馬則代以芻馬。巫爲倡夫之

歌。則觀者如堵。爭投金錢以賞之。貧紳寒士之家。多不用巫而作祭文以送神。痘神之說。詳見下諸記錄。可知我俗畏痘之事也。

〔魚叔權稗官雜記〕 國俗重痘瘡神。其禁忌大要曰祭祀。犯染。宴會。房事。外人及油蜜。腥膻汚穢等臭。此則載於醫方。蓋痘瘡隨物變化故也。世俗守此甚謹。其餘拘忌。又不可記。苟或犯之。則死。且殆者十居六七若沐浴禱請。則垂死復生。以此人愈信之至誠崇奉。至有出入之際。必冠帶告而瘡畢一二年。尙忌祭祀。雖士人未免拘俗。至於廢祭。蓋瘡神之忌。舊不如此。自近年加密。若又過四五十年。則未知竟如何也。

〔魚叔權攷事撮要痘瘡經驗方〕 神之有無。雖不可知蓋想心本虛靈。今乃挾火。故見其所不見。聞其所不見聞。女巫藉以爲言。國俗之信巫。實由於此。苟若有神無論輕重。皆可明言外間事。而重者或不知。輕者或有知何也。世有不設神床而好經痘者。各設床卓。以至衣服錦繡寶貨無不畢陳。而終至不救者有之。此亦痘家之不可不知者也。又有甚焉者。一聽巫說。冬月浴冷水日夜祈禱。而不得神助。終失其兒。小則爲終身之疾。大則因疾喪身。惑之甚也。○凡痘熱盛。故自不思魚肉。而女巫以爲僧尼之神。擧家素食。至於老病父母。皆廢滋味而甚者病兒雖索魚肉。輒問於女巫則必曰痘神。故欲戲之與喫則必危矣。擧家惶悚。不敢與小許魚肉。氣血益虛而變症新出。以至難救。習俗之誤人也如是夫。

〔柳夢寅於于野談〕 世俗以兒疫帶神多尊奉之。忌諱之。只事祈禳。不用藥石。非唯人命夭折之可哀。英俊豪傑之才。殄殲於一族。良可惜也。咸曰斯疾也。某事靈異。某事怪譚。非鬼而何。不但婦女也。雖有識丈夫未免恇惑如巫瞽。豈不寒心哉。余惟疾者熱。熱者火也火性明。火主心。心本虛靈。故方其發熱也。靈如鬼明如火。不聽而聽。不視而視。坐幽房密室。能燭外事或發於譫言胡說。使人驚動妖惑。無他。煽熱如物照鏡而然也。彼仙也佛也。能使心地精明白生虛室故雖定坐方丈。而能知山外之事。能洞他人之心。不過明其心火故也。患疫之兒。何以異於此哉。

〔南夏正桐巢漫錄〕 吾鄉洪丈。晩年生三子。愛護備至。至其痘疫之入家中。渾舍齋戒。不食肉不飮酒。設床桌祈禱。日再三沐浴。不敢少懈。俄而一子夭。洪丈恐其誠意未盡。益加敬謹。俄而又一子夭。洪丈於是大恚曰我無失於神。而神降禍於我。我有三子。二子已死其一之得保何可必也。神乎神乎。任意死生之。遂破其床桌。黜病兒於外廊。殺牛置酒。日夜昏醉。不問兒病輕重之如何。其兒不十日而愈。少無痘痕。卽今生子生孫。世其宗祀焉。苟有神也。敬之而不見報。慢之而獲其佑。是何理也。抑其本無神而人以爲有耶。(白野記聞)○痘患最忌香火與喪葬。故世俗値痘疫。輒廢祭奠。不赴喪葬。非惟己不赴。亦禁人之自喪葬所來者。記昔丁未春外王父窆葬。卜日之後。墓直奴家痘疫大熾多死者。舅氏正郎令。不以爲拘。奴輩亦不敢言。發靷成殯于其家香火哭奠。一如禮儀。墓奴之子。年近二十者。臥痛於至近之處。而症皆甚輕。時乞餕饌而食之。發痘落痂。如期而起。合右二說而觀之。痘神似無。雖或有之。知其不可與較。則不敢害之耶。權長水訦嘗曰患痘之家。設床桌排飮食。日夜祈禱。則必有新妖附麗。聘恠作孽使順者逆。生者死。良可慨也。識理者宜切禁之。(李圭景五洲衍文痘疫有神辨證說) 凡疾病。內傷七情。外感六氣而作。安得有神鬼干於其間耶。雖然或稱癘疫有鬼。史傳時或見焉。醫經間多可據者。而其中痘瘡癘疫。偏以神鬼稱。故怪而辨其大略。痘瘡則醫學入門。太古無痘疹。周末秦初乃有之。按秦扁鵲方有三豆湯曰能免天行痘往昔所無。故內經無見。後漢張仲景亦不論之。自魏以來有之。而隋巢元方雖有病論无藥方。唐高宗時。孫眞人思邈始出治方。則乃後出之病也。我東陽平君許浚(宣祖時御醫撰東醫寶鑑)御醫也。奉敎撰諺解痘瘡集要。上下二部。自序曰。人在胚胎穢惡之氣蘊毒命門遇火運司天之歲。內外相感。則發爲疙瘡。凡有血氣之屬。莫不皆然自少至老。必生一次。故又云百歲瘡。人若染着則父母惟事祈禱。未敢施藥。今聖上獨斷宸衷決意救民。始自宮壼。先施鍾愛云云。醫書云。因胎毒藏於命門。遇少陽少陰司天。君相二火太過。熱毒流行之年則發作。宋眞宗世。王旦爲其子素求江南女道士。在峨嵋山能出神痘之術。而使素善痘。此卽今種痘法也嘗閱張琰種痘新書。則欲痘時先立神位像女人。具衣裳。以妥而祈禱。而稱痘神娘娘云。則乃沿峨嵋稱痘女冠。而有此附會也。我東則痘神曰胡鬼媽媽(李能和曰胡鬼非也戶口是也見上述)又稱客(李能和曰客卽別星見上)嶺稱南稱西神(湖南亦稱西神)兒痘則取淨盤。設井華水一椀。每日鐺飯甑餅。以供禱焉。及經痘終盛其紙旛紐馬捆載享神之。物以餞之。名曰拜送。其始疫時多拘忌。一切事爲幷。寢閣。如或痘兒有他疾痛。以爲神祟。或有靈驗。俗傳老峯閔相公。爲司痘之神其說慌惚。且兒將患痘時。其爺孃夢見貴人臨家、則兒必發痘云。而古書無見。惟和漢三才圖會。曰本朝聖武天皇天平七年、痘瘡始流行。或書曰。推古天皇三十四年。日本穀不實。三韓調進米粟百七十艘。止於浪華船中有三少年患疱瘡。一人則老夫添。一人則婦女一人則僧添。居不知孰人國。人問其名添居者答云。予等疫神。徒司疱瘡之病。予等亦依此病死成疫神。此歲國人始患疱瘡。疱倭稱痘之名也。又曰痘病初發熱時有父母或乳母夢見異人。而見嫗爲吉。壯女爲凶。僧及士爲中蓋疫神也云。其俗俚語。偶與我同。孰謂百里不同俗歟。

十三　太子鬼或明圖鬼

我東俗有一種神婆。託神宣語。賣卜爲業者。京城名曰「태주」(Tai Chu)即太子「태자」(Tai Cha)之轉也。南方名曰「명두」(Myeng Too)。即明圖「명도」(Myeng To)之訛也俗謂幼年兒染痘死者。其靈魂、附女婆、作聲若嘯然。依徵聽聞在可辨不可辨之間。凡人問卜。則其一切酬話。皆婆代宣。婆稱呼其鬼曰阿哥氏。蓋幼女之稱也其言人之休咎、或中或不中。亦言人祖先墳墓風水之吉凶。輒曰假令蹈査君之祖墳去矣、有頃。回來、咗然作聲曰、好大遠之處山嶺亦高峻、假喫一場辛苦矣、然後報曰。君之先墓。何坐何向某處吉。某處凶云云。或時又曰、假令往西天西域。稟質聖神云云。此鬼忌避男人。若有男子。在傍隱聽。則鬼曰。此處有男子氣。速令離開。婆言閨女身分。羞對男子且不肯說話云。蓋男子明理者多。難於欺惑。故作此言。以誑絕之愚婦之輩 以此益迷惑。

明圖之出所如左

東國稗說云。金庾信新羅太大舒發翰。其母萬明。亦爲神。今巫女呪稱萬明而祀之。萬明神祠。必掛銅圓鏡。號曰明圖。

太子鬼之出自如左

成俔慵叢話云、今有空中唱聲。邀巫覡。能知往事而言之者。謂之太子。有盲張得云者。善卜筮。人皆云有明鏡數(明鏡卜者自古傳來不名術數卜筮之謂)朝廷求之、盲答以本無、囚獄而拷訊之。猶不出。安孝禮問於太子。太子云。張盲以其冊授親戚某、往藏于牛峯覡民家、其家向東有柴扉。堂前有大樹、堂中有瓮、瓮上蓋以小盤、若捲盤而視之則冊在其中、汝若往探、則向大樹呼我、我當應之、孝禮問於盲家、果有親戚住牛峯者、孝禮大喜、即入啓之、上命孝禮、乘馹率數騎。日夜馳到其家、果有柴扉大樹、升堂有龕。捲盤而覩之中。空無一物。向樹呼太子。無應者。孝禮悵恨。返問於太子。太子云。汝常以虛言誣人。故。我亦以虛言誣汝矣。

李圭景撰五洲衍文長箋散稿太子鬼辨證說云。我東巫覡之外。復有一種太子鬼。乃小兒死魂。附於女流。白晝作語 譚人禍福。但聞其聲啾啾然如揮鞭鞘聲。不省爲何語。而所附之婆。一一知得而譯焉。若有問而難對則必曰西天西域國詳探而來云。其所謂西域國。卽竈埃也。預以物堅塞竈烟埃。則不能顯靈。仍緘默而去。其家日有告殃。按史。漢武時。方士五利欒大少君之徒。以爲祀竈致物。竈神狀婦人衣紅云。術家有煉竈君薰。法卽煉祭竈神。於人耳邊。語人間休告也。五雜組俗以十二月二十四日祀竈謂竈神是夜上天。以一家所行善惡奏於天也。至是日。婦人多持齋。今人以直言無隱者。俗呼曰竈公也 淮南子畢術云。竈竈神日日歸天 白人罪過。蓋竈君。能直言家人善惡。故太子鬼必問竈。神而能詳其家事也。此鬼古無所見。莫得其情。而惟星湖李瀷。頗言其情狀。其說。「世有太子鬼者。卽小兒。其游魂滯魄。依附於人。若亡魂妖語者然。判人吉凶及遠方事情。隨問輒告。名以太子者。或以晉太子申生而言也。其游魂滯魄。飄蕩無依。閱過人家。呼以弟子。有應者。附依留接不去。若不應則雖若久喚。終亦離違。昔聞余親族婦女偶聞其呼。戲語謾應。鬼遂來接不去。雖萬方祈禳。終無效。竟以祟不起而殤。亦可戒。封禪書曰。漢武時。長陵女子。以子死見神於先后宛若。祀之其室。民多往祠。平原君往祠。其后子孫以尊顯。及今上卽位。則厚禮置祠于內。但聞其言。不見其人云。蓋古雖有之。未如我衆也醫書有魃鬼者。卽小兒鬼也。鬼倘飮乳。而其母又有身鬼妬而兒病。或如今太子者。是魃之不散者耶。其氣數不盡而先期夭折。則理當有此矣。莊子曰。天運有有弟而兄啼者似是。而如此者歟。又楚靈王。患白公子。張之驟諫曰。余左執鬼中。右執殤宮。凡有黴諫。吾盡聞之殤宮者亦恐是此物。而但無如今太子之號也」。李氏說甚長。余爲之裁節。以醫書之魃鬼。莊周天運之有弟兄啼。張之驟鬼中殤宮。强爲證據。然。其所引。亦有遺漏故。余更續解之。如張衡東京賦。八靈爲之震慴。況魃惑與。畢方注。魃。小兒鬼也。今所稱太子者。卽魃也。嘗聞痘死小兒。必爲太子云。而星湖引申生爲證。然。巫覡愚婦。豈能知申生而名之歟。愚意則附此鬼者。先作畫像以爲此鬼之所依。而稱撐子。我東方言。稱畫像曰撐子仍訛爲太子。以音相近也。史之長陵女神。星湖所引甚略。故。今詳錄之。使人易曉也。史。孟康曰。產子而死也兄弟妻相謂先后宛若。索隱卽今妯娌。徐廣曰。平原君武帝外祖母儀比長公主。索隱曰平原君。是臧兒也。史記註正義曰。漢武帝故事云。起栢梁臺以處神君。長陵女子也。先是嫁爲人妻。生一男。數歲死。女子悼痛之。歲中亦死。而靈宛若。祠之。遂聞言。宛如生者。人多往請福。說人小事有驗。平原君亦事之。至后子孫尊貴。及上即位。太后延於宮中祭之。聞其言。不見其人。至是神君求出。乃營栢粱臺舍之。初。霍去病微時。自禱神君。及見其形自修飾。欲與去病交接。去病不肯。謂神君曰。吾以神君精潔。故齋戒祈福。今欲淫。此非也。自絕不復往。神君慙之乃去云。星湖雜引神君之事。然。此非東俗所稱太子鬼。特以鬼而與人相語。以證太子。太子是小兒鬼。長陵女子是嫁女也。不可證以魃鬼者也。余聞湖西南人言。則湖南多太子。村婆之姦黠者。斷小兒屍手作法附鬼。仍秘藏囊中。佩于懷間。或自動顯靈。有人竊取嚇之。厥婆哀號乞命云。是術或有作法依附者也。識理君子。嚴飭家人。俾勿入門可也。

第十九章　地方巫風及神祠

地方巫風。開城及西北一帶爲最盛。開城人謂巫爲仙官。蓋高麗毅宗。擇南京(開城平壤)兩班之有資産者。名曰仙家。令世世司祭八關之神。其名相傳。至今沿襲。仙官之名。加於巫者歟。北道謂巫爲師。蓋其地近滿洲。染其風俗。滿洲薩滿謂之師巫。是則高句麗之遺俗。蓋師巫之稱。見於三國史記高句麗本紀矣。凡我朝鮮域內。神祠所在之處。巫覡必聚。以行神祀。故並錄之如左。

一　京畿道巫風及神祠

(一)〔京城〕　申翊聖(宣祖時人)樂全堂集迎神雜詞。曰高堂之上陳瑤席。浦淸既旨羞亦珍。佳賓滿座衆樂作。鼓靈瑟兮迎群神。神之來兮風颯颯。紛進拜兮神無言。中有一巫稱善舞。舞袖長兮旋又飜。綺態纖冶隨顏變。妍姿嫺娜無定源。踏歌蹈節如捷猿。赴曲中節迅驚鴻。左顧右眄發淸嘯。伸眉抗腕談吉凶。危辭苦語那可辨。復道奇數丁家公。主人窅然喪其神。千金事神神夢夢。神夢夢兮罷歌舞。杯盤狼藉日亦窮。男負女戴歸于巫。巫既富兮家已空。神乎倘有憑。何厚於巫民之恫。

(二)〔開城松岳山神祠〕　太宗十一年辛卯五月癸未。禮曹上報祀之制。王命禮曹曰。松岳德積紺岳等名山之神。修祝文。遣官行香禮也。自前朝以來稱內行祈恩。每當四節。兩殿使內臣司鑰。與巫女暗行無名之祭。至今未已。不合於禮。爾等考前朝祀典所載終始本末。悉書以聞。予當以禮行之。秋七月禮曹啓。近有旨。松岳令別監奉香行祭。春秋有祭。又有別祈恩。是豈行也。王曰別祈恩行之久矣。不可廢也。（李朝實錄）○松岳山祠上有五神。一曰城隍。二曰大王。三曰國師。四曰姑女。五曰府女。俱未知何神。（輿覽）○明宗二十年丙寅正月。開城府儒生。焚松岳淫祠。王大妃使中人往止之。儒生不聽。王命禁府拿儒生來。欲治其罪。廷臣多諫之。以至學館之生上疏爭之。乃命釋之。初民俗好神道。祠于松岳。名曰大王祠。舉國奔波。事之甚謹。糜費不訾。以至男女混處。多有醜聲。儒生發憤。焚祠毀像。識者快之。（李珥石潭日記）○松都文士金履祥。官至司藝。號心適堂。月汀爲留守跋其稿。履祥之弟履道。與孝子朴成林相善。明廟時。巫覡盛行。人有疾病。不求醫藥。惟祈禱是事。松岳大井大谷德物等七處神祠。自闕中諸宮家。下至庶人。珍羞盛饌。駄載滿路。人不敢斥言。金朴二人奮然曰。此而不焚。安能明吾道於日月。熄妖氛於長夜。倡率諸生二百餘人。先登松岳。火其堂。曳出兩木像所謂大王大夫人者。破毀。推轉於千仞之下。移往他處。盡焚其祠。文定王后大怒。拿鞫首倡二十八。其餘二百餘人。皆囚本府。履道等至京。政府六曹下至各司。皆使人候問曰。不意今日。得見諸君子正氣。盛備饌饋以供之。兩司（司憲府司諫院）劾政院居喉舌之地。遞捧傳旨。併罷六承旨。政府玉堂。俱言諸生所爲出於正氣。不可罪也。請亟放還。連日爭之。王允之。（金堉潛谷筆談）

（三）〔開城德物山崔瑩將軍祠〕　松都城東南十餘里有德積山。（亦號德物）山上有崔瑩祠。祠有塑像。土民祈禱有驗。祠旁置寢室。土人取民間處女侍祠。老病則更以少艾。今已百餘年。侍女自言夜○降靈交媾云。此見李重煥所記。今則絕無靈驗。巫女每夸張此神之靈異也。（李圭景五洲衍文）

（四）〔開城三聖朱雀及大國之神〕　太宗十一年秋七月。遣注書楊秩于海豐。問前摠制金瞻。以三聖朱雀大國之神祀。瞻對曰。朱雀前朝時設立於松都闕南薰門外。祀朱雀七宿。今在漢京亦祭古處。實爲未便。更設壇於時坐宮南可也。三聖則前朝忠烈王尙世祖皇帝女。請中國在南之神祭焉。蓋主水道禍福也。大國則中國北方之神。忠烈王亦請祀之。昔周公作新邑。咸秩無文。右二神雖非其正。載在祀典。不可廢也。王曰朱雀新設位於時坐宮南。三聖亦倣厲祭之意。仍舊祀之。十二月能祀朱雀于南方。禮曹上言。考諸祀典朱雀之神。不宜獨祀南方。命罷之。（李朝實錄）○東國輿地勝覽。豊德府「祠廟」條云。三聖堂祠高麗忠肅王六年。吠于德水縣。怒海東青及內廐馬之斃。命焚城隍神祠。即此。又云朱雀神堂。俗稱堂頭山。在古長源亭西南二里海邊。

（五）〔豐德望德靈祠〕 東國輿地勝覽。豐德府。「八景」望德靈祠詩云。山深祠邃且神明。多少居民苦乞靈。靈亦來年應自愧。瘡痍何事未全醒。

（六）〔積城紺岳山神祠〕 太祖二年癸酉春正月丁卯。吏曹請封境內名山大川紺岳三角白岳曰護國伯 ○ 太宗十一年秋七月。禮曹啓。近有旨紺岳令別監奉香行祭 春秋有祭。又有別祈恩。是疊行也。王曰別祈恩行之久矣。不可廢也。○燕山君六年庚申二月丁酉議政府啓紺岳神堂營繕請須停罷。傳曰。紺岳營繕。乃爲祭神之所。不可停罷。（已上並出李朝實錄）○東國輿地勝覽。積城縣祠廟條云。紺岳祠諺傳新羅以唐薛仁貴爲山神。本朝以名山載中祀。春秋降香祝以祀。

（七）〔楊州楊津祠〕 東國輿地勝覽。楊州牧祠廟條云楊津祠在廣津。下有祭龍壇 春秋降香祝 新羅時稱北瀆。躋中祀。今載小祀

二　黃海道巫風及神祠

（二）〔海州鵂城山神祠〕 海州邑誌云。鵂城山舊有神祠 名曰上室 州人敬事 晴雨旱澇無不禱焉。謂有靈驗。庚申年間品官謂人吏強癖。品官凋殘。實由於鵂城祠。壓在州鎭山。欲移神祠於他山。試禱神。飛紙驗之。其紙落於首陽山南麓。遂於其所落處。立祠以祭之

（三）〔延安淫祠〕 丁若鏞牧民心書云。李挺岳爲延安府使。素多宿弊。至則一革去之。不日洗焉。舊有淫祀祈恩分土集。日事糜費。公立毀之曰。彼能爲祟。宜加我身。邑民大覺曰。始迷不知也

（四）〔平山三太師祠〕 象山錄云。嘉慶己未春。在平山府。暇日與豐川守李民秀。長淵守具綠。同遊太白山城中有三太師祠堂。約共瞻謁。三太師者。申太師崇謙。卜太師智謙。庾太師黔弼也。既啓戶。見有鐵像三軀。皆朴而失眞。間有女塑二軀。黃襦紅裾粉面朱脣妖怪不典。李曰何如。不可拜也。遂闔戶而出。

（五）〔長山島天妃〕 金尙憲淸陰集。長山島天妃祭文云。年月日。敬祭于天妃之神。夫以小事大。天地之常經。由陰濟陽。鬼神之盛德。是以塗山執玉。寔嚴後至之誅。睢水揚沙。允藉冥佑之力。惟彼周郞赤壁。與便一日之中。王勃南昌。借勢半帆之上。叔世以降。斯迹遙彰。況我大明。德侔夏后。威增漢家。四海六合。盡入提封。九夷八蠻。罔不通道。豈但臣妾億兆。尤極敬禮神

祇恭惟尊神。以太陰之元精。主純陽之土界。顯聖久稱於歷代。膺寵遂隆於昌辰。用坤承乾。理不爽於一致。與天作配。尊無對於百靈。昭厥崇奉之儀。實無遠邇之間。伏念某。三韓老臣。一介行李。乘風破浪。素乏奇偉之志。望日就雲。祇切朝宗之心。駕扁舟而逖來。阨孤島而難進。目駭波濤。信逾弱水千里。身無羽翼。眞覺蓬山萬重。敢具薄禮。冀攄菲誠。倘蒙淵鑑回明。丞霈慈恩。庶幾令節祝聖。無廢王命。某敢不齋心行禱。稽首歸依。修黃陵之妙辭。竊愧文章之筆。登靑丘之聳聽。永傳靈應之符。尙饗。

三　咸鏡道巫風及神祠

（一）洪良浩耳溪集云。北俗好鬼神。男巫謂之師。師者衆所尊。稱名焉取斯。又北關記事云。上風好巫覡。而無醫藥。疾病輒殺牛禱賽。○李裕元林下筆記云。北靑之俗。生女三八則一嫁農家。一充敎坊。一賣巫祝。所以妓女之數。殆三四百名。巫亦如之。

（二）〔上仙〕西北一帶沿江等地。十月一日至晦日。行農功祭。名曰上仙。飯餠魚肉。以豐備爲勝。設席外院布以蒿艸。用巫禱祀。疑此是女眞故俗之遺傳者也。

（三）〔咸鏡神堂〕李朝實錄云中宗二年丁卯。春正月丁亥。左議政朴元宗。右議政柳順汀。吏曹判書成希顏等。啓請咸鏡神堂。勿修復事。傳曰。此不可永廢。然卿等累啓。姑依允。

（四）〔宣威大王神〕東國輿地勝覽云。安邊神祠在鶴城山。俗稱宣威大王之神。○霜陰神祠。在霜陰縣。諺稱宣威之夫人。其俗每以端午。迎宣威並祭之。

（五）〔德源山祠〕東國輿地勝覽云。德源府所依達山祠。春秋本邑致祭。

（六）〔慶源豆滿江神祠〕東國輿地勝覽云。慶源府豆滿江。女眞語謂萬爲豆滿。以衆水至此合流故名之。祀典祭北瀆于此。載中祀。豆滿江神祠。在東林城內春秋降香祝致祭

（七）〔肅愼閣氏〕北關俗奉肅愼閣氏。蓋其地爲肅愼氏之故墟。故其神祀遺傳至今者歟。松田劉猛氏。嘗往此地視察民俗。爲我言如是。

四　忠淸道巫風及神祠

（一）〔忠州月岳神祠〕輿覽云。忠州牧月岳祠在月岳山。高麗高宗四十二年。蒙兵據州城。又攻山城。宮吏老弱。恐不能拒。登神祠。忽雲霧風雨雷電俱作。蒙兵以爲神助。不攻而退。

(二)〔鎭川吉祥山金庾信祠〕 與覽云。 鎭川縣山川條云。吉祥山一名胎靈山。在縣西十五里。新羅眞平王時萬弩郡太守金舒玄妻妊身二十月。生子曰庾信。藏胎於此山。因號吉祥。祠廟條云。金庾信祠在吉祥山。新羅時置祠宇。春秋降香祝行祭。高麗仍之。至本朝太祖八年始停之。令所在官致祭。

(三)〔鎭川龍王神及三神堂〕 洪錫謨東國歲時記云。鎭川俗自三月三日至四月八日。女人率巫。祈子於牛潭堂。東西龍王堂。及三神堂。絡繹不絕。四方女人。亦皆來禱。而觀者如市。歲以爲常。

(四)〔淸安國師神〕 洪錫謨東國歲時記云。淸安俗。三月初。縣首吏。率邑人。迎國師神夫婦於東面長岬山大樹。入于邑內。用巫覡。具酒食鑼鼓。行神祠於縣衙。及各廳。至廿餘日後。還其神於樹。而間二年行之。

(五)〔報恩俗離山大自在天王神〕 與覽云。 報恩俗離山頂。有大自在天王祠。其神每年十月寅日降于法住寺。寺中人設祭。迎神而祀之。留四十五日而還。

能和聞於法住寺僧。自在天王神祀。極涉淫褻。除夕日。寺衆大會行祀。多用木棒。造陽莖形。塗以朱漆。一場作戲。以安其神。不然則寺有災亂。故必如是行之。其神祀至近年始罷不行云云。

按自在天王者。佛家所謂欲界魔王。佛成道時。魔王阻戲。具載佛書矣。法住寺祭此神。以其有魔力。故作淫戲以安之。其實則辱之也。

(六)〔淸風木偶神像〕 與覽。「淸風郡名宦金延壽條云」初郡人得木偶人。以爲神。每歲五六月間。奉置客軒大張祀事。一境坌集。流弊已久。延壽赴官。即收捕巫覡。及首事者杖之。遂火其木偶。妖祀遂絕。

(七)〔堤川等地金溥大王神〕 金溥大王者。 即新羅末王(敬順王)也。忠北堤川淸風及江原道原州等地人。有奉其神者。按李圭景五洲衍文。金溥大王辨證說云。世有訛傳而傳疑難知者。旣見可辨之蹟。而不爲一辨則亦近於癡。故僅得一證而略辨其實。余嘗寓忠州之德山面城巖及森田里。游於淸風府月岳山下神勒寺。聞老僧言 則此地即金溥大王避亂處。而月岳之後。有德柱寺。柱一作周。此爲德周夫人所創云。寺後巓有金溥大王祠。歷攷諸書。无可攷。抑大以爲高麗恭愍王避紅巾之亂。住福州時經此寺。故古老相傳訛稱金溥大王云矣。最晚得閱一書。則始詳其事實。按關東鱗蹄縣。有新羅敬順王所居之地。因名金溥大王洞。邑誌多有事蹟而敬順王卽新羅降王金溥也。當後百濟甄萱之亂。來往於國原小京。故於忠州淸風堤川原州之間。多有遺蹟仍流傳如此。今略取古蹟而稱金溥大王者。其時无尊可稱故也。直呼姓名而傳之以至今日。故後人不嫻東史者。未知爲何代王也。

關東原州龍華山有鶴樹菴敬順王願堂。敬順排離宮於堤川逍遙之地。天降石佛。屹立於龍華山絕頂。王自堤川移住。每上白雲山南峴而以拜。仍築願堂於山下號黃山寺。王又造高自菴。一名太古寺。奉敬順影幀。寶德十四年秋八月日。追從從孫臣金信倫作影幀跋我正廟朝。改營影堂於法堂左子坐。賜號敬天廟。麟蹄又有王所居之地。因名金溥大王洞。邑誌多有事蹟。湖南順天松廣寺。又有影幀一本。而倭人嘗迎入其國。模寫而還安云。聞慶陽山寺。有畫像一本。慶州黃南殿。本州定守護祭奉。十里外有影池。殿閣長照。鷄林佛國寺又有唐鞋一雙。水晶玉佩纓子金螺盃。游晋松岳山下別構一殿而毙。京畿長湍高浪洞癸坐原。有金溥大王陵。

五　江原道巫風及神祠

(一)〔原州雉岳山祠〕輿覽云。原州牧雉岳山祠。在山頂。俗稱普門堂。春秋降香祝致祭。

(二)〔高城神祠〕洪錫謨東國歲時記云。高城俗。郡祀堂每月朔望自官祭之。以錦緞作神假面。藏置堂中。自臘月念後。其神下降於邑人。著其假面。蹈舞出游於衙內及邑村。家家迎而樂之。至正月望前。神還于堂。歲以爲常。蓋儺神之類也。

(三)〔三陟烏金簪神〕東國輿地勝覽。三陟府風俗條。信巫覡祭烏金簪。邑人盛簪小函。藏於治所東隅樹下。每遇端午。吏民取出。奠而祭之。翌日還藏。諺傳高麗太祖時物。然未審其所以祭之之意。遂成故事。官亦不禁南冥先生(曹植)別集。金省庵(孝元)遺事。「公出宰三陟。以安民祛弊爲先務。邑有金釵一股。傳自羅代。百襲封緘藏諸城隍。居民信奉之如神明。凡村閭大小事。必先告然後乃行。故巫覡日娑娑其下。有同宛丘之俗。經千百世。惑世滋甚。而弊至難救。公慨然有掃淸之意擇良日備祭需。招士子稍强者若干人。躬詣淫祠。擡破釵服。投之火中。盡一鄉少長。奔波咸集而驚動禍福之公毅然不動。灑掃堂宇。移置城隍位版於其中。整冠服而親祭焉。觀瞻悚然。莫不歎服。三陟在嶺海間。最爲荒僻。俗喜鬼。民朴而難治。公一新舊制。賦稅徭役亦

爲定式、擇士子之可教者、授以詩禮、使之修省、莫不蔚然丕變、至今號爲文獻、婚喪之事一從家禮、吏民之親上易使、蓋自公始也、

許穆眉叟記言「烏金簪久遠。蓋不知其始。每年五月五日、聚巫大祀三日、戶長主之。必先祭大禁戒、行旅不宿、死者不哭。掌祀者數人。爭散財以爲受福。不敬則殃咎立至。莫不畏事之、官府莫禁。府使丁彥璜禁其祠、因閉簪於石室、

蔡濟恭樊巖集。三陟烏金簪歌。「烏金簪。云自麗代傳至今。陟人尊之祀作神、叢祠立在古城除、每年五年日有五。簪神出遊爭先覩、老巫前導華采衣、大鼙廣扇翩翩舞。陟州府內數百戶、無有一人不傴僂。笙簫悲連斷復連、簪不自言巫代傳、爾家牽口凡幾許、產祥降厄皆吾權。愚氓跪納無所惜。紙布米粟金錢陌、嗚呼、烏金簪、受人厚施將何酬、皇穹在上神祇列、恐汝胸臆難自由、病者求瘳貧求富、爾責傷多吾故憂、簪分簪分、不如不作叢祠神、委神溝壑心不役。愼勿學稱駿小人叨重寄、辜負人民但肉食

李能相曰。烏金簪只有一箇、而府使金孝元投之火中。丁彥璜閉之石室、許眉叟記其事、而至正宗時蔡濟恭猶見其淫祀。蓋其來已久爲人民信奉。政府官雖除之、而去後復祀者也、

(四)〔嶺東山神祭〕 南孝溫秋江冷話云、嶺東民俗。每於三四五月中、擇日迎巫以祭山神。富者馱載。貧者負戴。陳於鬼席、吹笙鼓瑟。連三日醉飽然後下家。始與人買賣、不祭則尺席不得與人、

(五)〔太白神祠〕 成俔虛白堂集、神堂退牛說云、按禮天子祭天地、諸侯祭山川。大夫祭廟、庶人只祭祖禰、其名位等級。各有次第。而不相紊。其祭山川也。必取鎭嶽丘瀆丘陵墳衍。有施於國、有功於民者而祀之。不可有毫釐僭於其間也。我國山川載在祀典者。則每歲春秋降香祝授使者 用先王所製醴齋牲幣 以籩豆罍爵之禮而祭之。其祭之也節。故其饗之也速。其事之也腆。故其報之也豐、太白山神者何神也。其山東入大海爲三陟、西折而爲永春、南蟠竹溪數州之境、山雖高而不在祀典者、以其無功施於民國也 三道之人搆堂於山頂。設像而祀之、歲時往來者、摩肩接踵。祀畢各繫牛於神座前。狼狽不顧而去、曰如顧之則神知不恭而罪之矣。過三日然後、州郡收而用之。名之曰退牛。每歲四月八日、其神降於邑之城隍、邑人盛備旗旄

鼓笛而迎之。置于邑吏之家。舉邑奔波聚而祀之。無虛日。至五月五日。還山。祇送如迎禮。當此之時。苟得鮮味。必先祭之。而無自食之理。不然則有禍。故渠中雖游魚撥刺而不畏之。甚矣神之惑人也。孔子曰敬鬼神而遠之。又曰非其鬼而祭之謟也。夫人之有恩愛而所當先報者。莫如親。然於其親則或闕其祀。而引鬼於室中而敬奉之。是於其所薄而反厚之。非所當祭而反祭之。非徒有違於先王之制。抑且無逭於朝廷之大法也。昔西門豹爲鄴令。鄴人若爲河伯娶婦。至沉女巫三老然後乃息。狄仁傑范仲淹皆毁淫祀而焚之。以革淫怪之俗。今之任字牧者。果皆效三君子之所爲。則其頹風靡俗。豈無丕變之時乎。惜乎世之無人也。

許穆眉叟記言誌怪條云。氓俗相傳。白頭翁謂之太白之靈。太白祠遠近禱祀。以爲吉凶立應。前有太守死者數人。皆曰白頭翁爲祟。人心尤畏忌。或曰夢見白頭翁者。皆死。蓋風俗信鬼神。又退牛條云。遠近爭事太白之神。凡祈禱災厄者。必獻牛於祠下。祝言畢即起不顧而走。顧則以爲愛牛。鬼神不享。牛畜滿祠下。山下人殺食無災。謂之退牛。官府聞之。定監考日納於官。邑人厭牛。山僧冲學焚其祠。妖祠乃亡。因無厭牛之事。監考亦廢。

丁若鏞牧民心書云。金緻觀察嶺東。毁太白神祠。

(六)〔溟州(江陵)大嶺山神〕　許筠惺所覆瓿藁。大嶺山神賛幷序云。歲癸卯夏。余在溟州。州人將以五月吉。迓大嶺神。問之首吏。吏曰神即新羅大將軍金庾信也。公少時。游學于州。山神敎而劍術。鑄劍於州南禪智寺。九十日而出諸鑪。光耀奪月。公佩之。怒則躍出韜中。以之滅麗平濟。死而爲嶺之神。至今有靈異。故州人祀之。每年五月初吉。具幡蓋香花。迎于大嶺。奉置于府司。至五月。陳雜戲以娛之。神喜則終日蓋不俄仆。歲輒登。怒則蓋仆。必有風水之災。余異之。及期往肩之。果不俄。州人父老悉驩呼謳歌。相慶以抃舞。余惟公生而立功於王室。成統三之業。死後千年。猶能禍福於人。以現其神。是可紀也已。遂賛曰云云。

(七)〔楊口城隍神〕　成俔虛白堂集。題楊口東軒。息方川驛亭條。(迎神曲)淸晨鼓笛花山阿。端干隍神降八家。競扶風馭相傳芭。鼘鼕萬袖紛娑娑。老巫變顏降神語。穀朝靈遊同飯。漉醪炊黍自來去。歸途月黑長林阻。溱洧渙渙紅芍藥。邂逅相逢爭戲謔。偶因神食醉爲歡。不必更憑青鳥約。(送神曲)雲林蒼翠多喬木。約擠芝梁編小屋。坎坎伐鼓振幽谷。茅縮淸醪宰黃犢。爭暵萬指祈百穀。淫祀年年自成俗。三日醉歡猶未足。又向豪門來耀穀。紙錢燒破風生寒。渺渺霓旌不可攀。擱街兒女紛聚觀。送神萬騎還松嶽。

六　慶尙道巫風及神祠

(一)〔陝川正見大王祠〕 輿覽陝川郡祠廟條云。正見大王祠在海印寺中。俗傳大伽倻國王后正見。死爲山神

(二)〔蔚山戒邊神〕 輿覽蔚山府古跡條云。神鶴城即戒邊城。在郡東五里。金克己所謂。戒邊神。駕鶴降神頭山。即是。今只有遺址。

(三)〔東萊諸神祠〕 輿覽東萊縣祠廟條云 絕影島神祠毛等邊神祠。俱在東平縣南一里 古智島神祠。在縣南二十三里以石爲壇古禱雨 ○古跡條云。兄邊部曲。在縣南海岸。新羅祀南海神于此。載中祀。

(四)〔寧海八鈴神〕 輿覽寧海都護府(名宦)云。禹倬爲司錄。民惑八鈴神。奉祀甚瀆。倬至則碎而沈于海。淫祀遂絕

(五)〔軍威金庾信祠〕 輿覽。軍威縣祠廟條云。金庾信祠在孝寧縣西岳。俗稱三將軍堂。每歲端午日。縣首吏率邑人。以驛騎旗鼓迎神。遊于村巷。○許樞詩云。人言古將主西城。遺俗于今祀事明。每歲無違重五日。豎旗撾鼓慰神情。

(六)〔晉州智異山聖母祠〕 輿覽。晉州牧祠廟條云。聖母祠在智異山天王峯頂。有聖母像。其頂有劍痕。諺云倭寇爲我太祖所破窮蹙。以爲天王不助。不勝其憤。斫之而去。高麗名臣傳云。鄭地欲禦倭至南海。適有雨。遣人禱智異山神祠曰。國之存亡。在此一擧。冀助予無作神羞。雨果止。

高麗朴全之撰靈鳳山龍巖寺重創記云。昔。開國祖師道詵。因智異山主聖母天王密囑曰。若創三巖寺。(三巖寺謂仙巖寺雲巖寺及龍巖寺)三韓爲一云云。聖母則智異山神也。

金宗直佔畢齋集。禱雨聖母廟。歸道遇雨四月初七日禱云。甘霔淋漓己濕衣。却疑神母撥陰機。村村笑語還羞殺。大守今朝得雨歸。

金宗直遊頭錄又云。聖母廟。祠屋但三間。嚴川里人所改創亦板屋下。釘甚固。不如是則爲風所揚也。有二僧繪畫其壁。所謂聖母。乃石像。而眉目髻鬟皆塗以粉黛。項有缺畫。問之云。太祖捷引月之歲。倭寇登此峰斫之而去。後人和黏復屬之。東偏陷石壘小佛在焉。是號國

師。俗傳聖母之淫夫。余嘗讀李承休帝王韻記。聖母命詵師註。今智異天王。乃指高麗太祖之妣威肅王后也。高麗人習聞仙桃聖母之說。欲神其君之系。創爲是說金馹孫撰續頭流錄。登天王峯之上。有板屋。乃聖母祠也。祠中安一石塑。爲白衣女像。未知聖母是何人。或曰高麗王太祖母。爲生育賢王。能統三韓。故尊祀之。或至于今。嶺湖之間要福者歸之。奉以爲淫祀。仍成楚越尙鬼之風。遠近巫覡。憑玆衣食之云云。

鄭弘溟畸翁漫筆云。天然南中僧也。身長八尺。膽力過人。嘗行過智異山側。有所謂天王峯淫祠。夙著靈怪。過者若失虔祈。行不數步。人馬傷斃。以此行旅無不畏敬。天然以爲怪妄。攘臂過去。俄見所騎馬踣地。天然大恚即以死馬屠於祠中。血汚祠壁。因復張拳。打破神像。縱火焚滅而去。是後神怪遂絕。商旅晏然。

柳夢寅於于野談云。天然禪師多意氣。遨遊搢紳間。嘗偃蹇不下氣。聞智異山天王峯有石塑。稱城隍神。遠近巫覡。尊奉之爲窟穴。南方尙鬼。民多傾業而歸之。天然獨手撞破其塑像。自此諸巫屛氣。不敢更作妖誣民梁松川應鼎題天然詩卷曰。張拳一碎峯頭石。魍魎無依白晝啼。

嵩陽金善臣頭流志。聖母祠在天王峯頂。板屋三間下釘甚堅。恐爲風所搖也。聖母乃石像粉黛。有缺劃劍痕太祖康獻大王殲寇于引月驛。餘衆窮蹙登山。謂神不助己。斫之。李承休帝王韻記。聖母命詵師註云。今智異天王聖母。乃指高麗太祖母威肅王后也。麗人習聞仙桃聖母之說。神其君之系統。創爲是說。承休信之。筆之韻記。此不可必徵。浮屠天然者。關西之韻僧也。勇力絕倫詩調清越。自妙香山歷覽頭流萬壑。至聖母廟憤其淫祀。即曳出神軀。碎破巖下。夜宿神座。裂幢爲鞋。南下藏神寺。成汝信記其事。其後愚民改造神像。淫祀如初。（晉陽舊志）

（七）〔熊川熊山神堂〕輿覽。熊川縣祠廟條云。熊山神堂在山頂上。土人每年四月迎神下山。必陳鐘鼓雜戲遠近來祭之

（八）〔宛丘神堂（宛丘謂義城也）〕金誠一鶴峯集。成均生員府君行狀云。先府君諱璡。姓金氏。義城人。嘗憤世俗崇信巫覡之事。在門墻則嚴加麾斥。若將浼焉。當時大小巫。聞府君名則莫不戰慄。府君所居之里皆辟不入。有神堂在縣之南山高處。俗傳高麗廉興邦乃其神云。巫覡之徒。倚以爲妖。傷風敗俗。日以益甚。一日府君數

其罪曰 汝以前朝巨奸、死有餘罪、天地之所不容其身其鬼不靈、豈可使居高臨下、以惑吾民乎。即令毀之、宛丘之俗亦因此而小革焉、

（九）〔安東烏金簪神〕 丁若鏞牧民心書云。丁公彥璜爲安東府使 自前朝有新羅公主烏金簪神、多靈怪、人敬信之、金省庵孝元爲守時。毀焚其廟。厥後吏民更復尊祟、每年五月五日。巫覡才人奉其神數十爲群。官吏周行境內、謂之端午使。閭民奔走恐後、破產失業。猶不知毀。前後太守、莫能禁、公大會儒生。焚其怪服。其妖遂息。（李能和曰。安東烏金簪神。互見於三陟府。而丁公彥璜。金公孝元。焚其怪。事實又同。蓋三陟爲是。）

（十）〔慶州豆豆里神〕 輿覽慶州府古跡條云、王家藪府南十里。俗稱豆豆里。自鼻荊之後。俗事豆豆里甚盛。（鼻荊郎者即新羅眞智王死鬼交桃花娘生子曰鼻荊郎見三國遺事）

（十一）〔嶺湖一帶地方靈童神〕 李朝正宗十年、丙午掌令柳河源疏曰 嶺南靈童之說。自五十年前始於沿海一邑。今則以至尙善等州、俗趨風靡。家奉戶祀。人神雜糅。妖邪妄誕、宜令道臣曉諭禁斷云云、答曰、嶺南事宜禁止而撓民宜戒。道伯不可不知之。（實錄）

李朝正宗時人申光洙石北集詩題曰登城（濟州俗以二月謂迎燈月朝天館在州城東北） 詩曰石城東北是朝天。春色春風渺可憐。孤島似萍浮積水、遠帆如水入蒼烟、今朝已盡迎燈月。故國先歸御史船。漫作飄零南斗客、白頭慚愧漢槎仙、

（能和按迎燈與嶺童音相類故混用耳）

洪錫謨東國歲時記云。二月嶺南俗。家家祭神。名曰靈登神。降于巫、出遊村閭。人爭迎而樂之。自是月朔日忌人物不接之。至十五日或二十日。

尹廷琦東寰錄云。嶺登神二月祀風神之稱

（能和按以一神而三稱各異。未知何者爲是。蓋靈童神者 自嶺南至湖中。農家所奉之神也。此神起源。諸說不同。或云永同郡知印（俗名通印）所化。故名永同。永同與靈童相似。或云慶山郡田童之神。故稱嶺童。祭之則得善稼。故農家多奉之。遂爾傳播。又俗謂靈登神。帶女兒下降。則其歲多風。帶媳婦下降。則其歲多雨。故有風靈登雨靈登之稱。俗又謂此神善怒。故謂善怒之人曰靈登神姑云云。蓋其神之稱姑。如麻姑之姑則非男神可知也。按三國遺事及東國輿地勝覽。百濟武王小名薯童。故稱薯童大王。或爲末通大王。末通大王。又轉訛爲永通大王。永通與靈童音相近。且薯童之事。在益山郡則是近海之邑。然則靈童神 即永通神也。或曰若然則其神不當稱姑也。曰凡奉神者每多姑婆。故稱

神爲姑。亦常有之事也。例如我俗稱痘神曰別星媽媽。媽媽者婦人之尊稱也。別星者使客也。决非女神之所當。而俗稱如是。又我人稱王殿下曰上監媽媽。稱卿大夫曰大監媽媽。此以男人而有婦人之尊稱。皆此類也。蔡濟恭樊巖集風神歌曰「新婦作餠兒買肉。翁婆再拜神前伏。神來但歆莫謂貧。昨日分糶儂亦得。黃土灑庭鼓鼕鼕。村家有願誠不侈。宅中牛羊迭生雛。分與衆子爲生理。東陂穜朮多鳥雀。願神驅去滋我穗。秋成及時入官倉。令我肌膚免楚箠。生孫二歲或三歲。秖恐名入簽丁裏。神手祐我一家人。明年二月復迎神。」

七 關西巫風・

(一)〔關西巫術〕 李朝純宗十三年壬申六月壬寅朔。敎曰。關西閭巷僧巫相雜。雜術之盛行。此皆有關於治世詿誤於民俗者。並宜一切禁斷。(實錄)

八 全羅道巫風及神祠

(一)〔光州無等山神祠〕 輿覽光山縣祠廟條云。無等山神祠在縣東十里。新羅爲小祀。高麗致國祭。東征元帥金周鼎祭各官城隍之神。歷呼神名。以驗神異。州城隍鳴纛鈴者三。周鼎報于朝封爵焉。本朝春秋令本邑致祭。

(二)〔羅州錦城山神祠〕 李朝實錄云成宗二十二年辛亥九月丙戌。御經筵講訖。獻納鄭鐸啓曰。臣嘗爲全羅道都事。觀本道風俗。尙淫祀。祈禱于錦城山者非徒旁近居民。雖遠處人。亦贏糧往來。士族婦女亦率處女經宿乃還。以此或夫婦相失。醜聲騰聞。風俗之毁。莫甚於此。守令欲禁而不得者。以其神稅米。歲納歸厚署故也。請革之以正風俗。王問左右。洪應對曰。臣亦聞之。但其來已久。不可一切禁之。當初。必以群聚淫祀者衆。故征稅以抑之。根本旣不可除去。則稅米亦不當廢也。王曰然。征稅之法雖不當猝革。淫祀則可痛禁。傳于承政院。羅州錦城山淫祀。令監司痛禁。〇十月己未。全羅道觀察使金克儉馳啓。累因降旨。羅州錦城山淫祀常加禁斷。然其神米六十碩。歲納歸厚署。以此本邑守令。只禁士族婦女而不禁庶人。當今條令所載神布神米之類。與聖朝禁淫祀之意。大相矛盾。請革納神米之法。命議于大臣沈澮尹弼商李克培李鐵堅魚世謙李崇元李克墩呂自新權健金友臣議淫祀之禁。大典所載。錦城淫祀。屢降敎旨痛禁。而愚民惑於邪說。冒法行之。是守令不檢察耳。何必更立新法。其神米乃犯禁之物。當沒官請仍舊。從之。中宗十一年五月癸丑。御晝講記事官柳成春啓曰。外方城隍甚是爲怪。妄稱城隍神下降之時。則雖士族男女無不奔波聚會。其中羅州錦城山城隍尤甚矣。臣妻父金崇祖爲羅州牧使而適來。後以錦城山城隍祠所供之米六十餘石。請勿收納事。陳於輪對。尙寢不行。以國家而納米於城隍堂祠豈能禁民俗之弊乎。王不答。○金宗直（成宗時人）伏龍（離錦城三十里地點）途中詩云「邑犬吠人籬有竇。野巫迎鬼紙爲錢」（佔畢齋集）

（三）〔全州龍王祭〕　李朝正宗時人金鍾正雲溪漫稿全州詩云。全州四月雜花香。燈火家家似漢陽。拾翠佳人爭約伴。水頭屛帳賽龍王（州俗四月八日設屛帳於水上相與飮食遊戲以祭龍王云）

（四）〔古羣山崔孤雲神祠〕　全羅北道沃溝郡。有紫川臺。世傳崔孤雲先生遊蹟。郡之南海中有島曰古羣山羣島（俗傳島在古杜州地）周圍可二百餘里。島有金猪窟。深不可測。窟前海名曰金猪洋。故老相傳。昔有金毛猪棲息之窟宅頗有神通。與聊齋志異所謂江南五通之事相類。新羅末崔种守是州。种妻生子名曰致遠。幼少聰慧異常。島古號文昌郡。又多漁。爲唐商船往來貿易之所。唐商客見致遠而悅之。遂載入唐。登科第入仕版。後歸故國放浪山水間。島之日影臺。即先生彈琴處云云。至今島人慕先生之風。立祠祀之。敬如天神。（已上古群山傳說如是也）

能和按三國史記。崔致遠傳。先生王京沙梁部人。史傳泯滅。不知其世系云云。則杜州太守崔种生子等說。自然歸虛。而意者先生當時。來遊島中。島人化之。先生歿後。立祠祀之。以爲記念者歟。馬山浦古號文昌郡。又有月影臺。亦云孤雲先生遊蹟。與古羣山相同。則未知何者爲是。高麗初葉。追封先生爲文昌侯。或者以先生生於文昌故然者歟。抑亦以先生之能文故贈此美號者歟。李朝正宗時祠臣徐某。爲崔致遠立傳曰。古羣山人。未還知何所據而想因此等傳說而記之者也。

九　濟州巫風及諸神祠

（一）〔廣壤堂〕　輿覽濟州牧祠廟條云。廣壤堂在州南漢拏護國神祠。諺傳山神之弟。生有聖德。歿爲神。高麗時宋胡宗朝來壓此土。浮海而還。神化爲鷹。飛上檣頭。俄而北風大吹。擊碎宗朝之舟。沒于西境。飛揚島之巖石間。朝廷褒其靈異。賜之食邑。封爵爲廣壤王。歲歲降香幣以祭。本朝令本邑致祭　按胡宗朝來仕高麗　官至起居舍人而卒。則來壓溺舟之說。恐不可信。牧民心書云。李衡祥爲濟州牧使。州有廣壤堂。士民祈禱成風。公命焚之。聞者稱快。

（二）〔遮歸堂〕　輿覽云　遮歸神在州西三里。楚春神在州東七十里。旌義縣境。海東雜錄云。金淨傳云。沖庵謫濟州錄風土。叙物産似相如子虛賦。（粹言）濟州人見灰色蛇。則禁殺。號曰遮歸神。沖庵風土錄云。俗甚忌蛇奉以爲神。見則呪。不敢驅殺。春秋男女具酒食。會遮歸堂。祭其神。遮歸蓋蛇鬼之誤。居壁樑。羣蛇盤結。祭時以不見爲祥。（勝覽）

金沖庵集。濟州風土錄云。酷崇神鬼。男巫甚多。嚇人災禍。取財如土。名曰朔望七七日（初七十七二十七）必殺牲爲淫祠。幾至三百餘所。歲增日加。妖訛屢騰。人疾病甚畏服藥。謂爲鬼怒。至死不悟。俗甚忌蛇。奉以爲神。見即呪。不敢驅殺。終不悟蛇之當殺。惑甚可笑。吾舊聞此地蛇甚繁。天欲雨。蛇頭駢出城縫云者。到此驗之虛語耳。但蛇多於陸土而已。意亦土人崇奉之過耳

（三）〔神纛儺戲〕 濟州誌云。濟州俗尙淫祀。乃於山藪川池邱陵墳衍木石俱設神祠。每歲元日至上元。巫覡共擎神纛。作儺戲。錚鼓前導。出入閭閻。爭捐財穀以祭之。又於二月朔日。歸德金寧等地。立木竿十二。迎神祭之。居涯月者。得槎形如馬頭者。飾以彩帛。作躍馬戲以娛神。至望日乃罷。謂之燃燈。（以上輿覽）是月禁乘船又於春秋。男女羣聚廣壤堂。遮歸堂。具酒肉祭神。又地多蛇虺蜈蚣。若見灰色蛇。則以爲遮歸之神。禁不殺

李瀷星湖僿說云。島民尤尙淫祀。如濟州無村無祠。守者厚利。故官稅亦重。李參議衡祥悉焚之。民皆驚恐其還。皆謂必溺。及其利涉。莫不疑怪云。

（四）〔嫁殤冥婚〕 濟州島俗。未嫁女死。求未娶男死者爲婚。葬之同穴。此俗已見周禮。至漢魏尙行之。耽羅僻島。何有此風。意者。元時以濟州島爲牧馬之場。而蒙古人來住者多。然則其俗或是元人所遺者歟。

李圭景嫁殤冥婚辨證說曰。夫既告贈職。已亡賜第。容或無怪。至於嫁殤冥魂。尤無其義也。古有掤行。何所取焉。始覺天地之大。無所不有故也。按周禮。媒氏禁遷葬者與嫁殤者。（注）謂生時非夫婦。死既葬。遷之使相從也。殤十九以下未嫁以死者。生不以禮相接。死而合之。是亦亂人倫者也。鄭司農云。嫁殤者。謂嫁死人也。今時聚會是也。是何好風。而已自三代時耶。（孔氏志怪盧充幽婚反爲溫休溫休爲幽休溫爲婚也。幽婚卽冥婚之謂。）三國時。魏武愛子倉舒病亡。爲聘司空椽邴原亡女合葬。原辭曰合葬非禮也。帝乃止。復聘甄氏亡女合葬焉。此俗至漢魏亦然。故魏武行之矣舊唐書。懿德太子重潤早以孝武知名。既死非其罪。大爲當時所悼惜。中宗即位。追贈皇太子。謚曰懿德。仍

爲聘國子監丞裴粹亡女爲冥婚。與之合葬。又建寧郡王倓。代宗深思其冤。謚曰承天皇帝。與興信公主第十四女張氏女冥婚。謚曰恭順皇后。有司準式擇日冊命改葬於順陵。此法自帝王家已有行之者。而民間則无聞焉。蓋周禮設禁。王者之政也。

第二十章　附支那巫史大畧

按支那諸記錄。皆以殷巫巫咸爲巫之元祖。而尙書伊訓則云恆舞于宮。酣歌于室。是爲巫風。疏云。「巫以歌舞事神故歌舞爲巫覡之風俗」然則支那古代葛天氏之八闋，廣樂。軒轅氏之靑丘岡鼓。實爲巫風之始。而後至堯舜禹湯之世。有咸韺韶頀。則特其樂舞之進化者也。而推原其始。則未嘗非事神之歌舞爲其本者也。補虛子曰。箕子率殷父老五千人。東來朝鮮。醫巫卜筮之徒從焉云云。則朝鮮之巫風。其源似出於殷巫矣。雖然。余則以爲檀君神敎實爲我朝鮮巫風之始。又遼金元淸之巫俗。與我相近。以其地本屬朝鮮故壤。遼史禮志云。遼本朝鮮故壤。流風遺俗。蓋有存者。而其民本出蒙古同種故也。今於朝鮮巫史尾附支那巫史大略。以資互校參考云爾

一　夏巫

〔辭源〕云巫步即禹步也（楊子法言）昔者、姒氏治水土。而巫步多禹。

〔山海經（世傳夏前文書）〕海內西經云。開明（上文云崑崙南）東。有巫彭巫抵巫陽巫履巫凡巫相。（皆神醫也。世本曰。巫彭作醫。楚詞曰。帝告巫陽。懿行案。說文云古者巫彭。初作醫。郭引楚詞者。招魂篇文也。詳大荒西經。）大荒西經云。大荒之中有山名曰豐沮玉門。日月所入。有靈山。巫咸巫卽巫肦巫彭巫姑巫眞巫禮巫抵巫謝巫羅十巫從此升降。百藥爰在。（羣巫上下此山采之也。懿行案。說文云。古者巫咸初作醫。越絕書云。虞山者巫咸所出也。虞故神出奇怪。離騷云。巫咸將夕降兮王逸注云。巫咸古神巫也。當殷中宗之時。王逸此說恐非也。殷中宗之臣。雖有巫咸。非必即是巫也。海外西經。巫咸國。蓋特取其同名耳。肦讀如班。海內西經。六巫有巫凡。肦凡或卽一人。水經涑水注。引此經。作巫肦。肦盼形聲又相近也。巫眞水經注引作巫貞。巫禮作巫孔。今案禮古文作禮。禮與孔疑形近而譌也。海內西經有巫履。蓋履卽禮也。是爲一人無疑。巫相疑卽巫謝。謝與相聲轉。當卽一人也。郭注云。采之也。水經注引作采藥往來也。案此是海外西經巫咸國注。鄘氏誤記故引在此耳。）○海外西經云。巫咸國。（懿行案地理志云。河東郡安邑巫咸山。在南非此也。此國當在海外。觀登備山在南荒經。可見水經涑水注。以巫咸山即巫咸國。引此經云云非矣。太平御覽七百九十卷。引外國圖曰。昔殷帝太戊。使巫咸禱於山河。巫咸居於此。是爲咸氏。去南海萬千里。即此國也。）在女丑北。右手操靑蛇。左手操赤蛇。在登葆山。（懿行案登葆山。大荒南經作登備山。葆備聲之轉也。淮南墬形訓作保。）羣巫所從上下也。（採藥往來）

二　殷巫或商巫

楚辭。巫咸將夕降兮（注）巫咸古神巫也。當殷中宗之世降下也。（辭源）

巫覡雖賤。原其所自出。則則商之巫咸。（世本巫咸作筮。筮者筮占也。）禮

記細目卜 者曰筮。元命苞古司怪主卜。周禮筮氏掌棋蓍契以待卜事。則筮是巫覡之所主。巫能卜筮吉凶者也。易兌爲巫爲口。說文巫祝也。巫字象人兩褎舞形。與文女同意。古者巫咸初作巫。寔爲巫覡之祖也。李圭景撰五洲衍文

巫賢殷祖乙之賢相 巫咸之子也。書傳

殷商之季。民俗尚鬼。天下之人。懍懍然常若鬼神之臨乎其上。而死生禍福之寄命於巫覡久矣。柳成龍西厓集

三 周巫

用史巫紛若吉。周易

攜槩出卜。自何能穀。詩傳

周禮云。司巫掌羣巫之政令。若國大旱。則帥巫而舞雩。○女巫掌歲時祓除。釁浴。○女祝掌招梗之事。招善元惡○毀事用尨。禳毀除殃咎用雜色牲 ○神士。男巫之俊者。○男巫春招弭。招福弭災也。○司巫祭祀道布。爲神所設○毒蠱以攻說禬。祈名祈其神求去也。

四 晉巫

左傳成公十一年條云。晉侯夢大厲被髮及地。搏膺而踊曰。殺余孫不義。余得請於帝矣。壞大門及寢門而入。公懼入于室。又壞戶。公覺。召桑田巫。巫言如夢。公曰何如。曰不食新矣。○襄公十八年條云。中行獻子將伐齊。夢與厲公訟。弗勝。公以戈擊之。首隊於前。跪而戴之。奉之以走。見梗陽之巫皐。他日見諸道。與之言。同巫曰今茲主必死。

五 楚巫又荊巫

五洲衍文云。楚巫巫陽。宋玉招魂賦。常告巫陽註。女巫也曰有人在下。我欲輔之魂魄離散。汝筮予之巫陽乃下。招曰魂芳歸來些。按些卽今符呪下娑婆訶。楚巫招魂之聲。○又云 巫神之靈異者。有神保。楚辭。靈保兮賢 神保是經。注。神保鬼神之嘉號。朱子曰。近見洪慶善說靈保是巫。今詩不說使是尸也云。

羅隱荊巫說云。有巫初爲人祀也。筵席尋常。歌迎舞將祈疾者健起。祈歲者豈穰。其後爲人祀也。羊猪鮮肥。清酤滿卮。祈疾得死。祈歲得飢。有言者曰。吾昔遊其家也。其家無甚累。故爲人祀 誠心罄乎中。而福亦應乎外。其胙必散之 其後 男女藩息焉。衣食廣大焉。故爲人祀 誠不得罄於中。而神亦不散乎外。其胙且入其家是人非前聖而後愚。蓋於人而不復及人耳。

六 鄭巫

莊子曰。鄭有神巫曰季咸。知人之死生存亡禍福壽夭期以歲月旬日。若神。鄭人見之者。皆棄而走。注。不喜自聞死日也。列子見之而心醉。

七 越巫

五洲衍文云 越巫勇之。史記栢梁臺災越巫勇之。請其

甚。更營之。尤極壯麗以禳之。漢書郊祀志。求甌王敬鬼壽百六十歲。迺命越祝祠而以鷄卜。上信之。越祠鷄卜自此始。

八 魏巫

史記云。魏文侯時。西門豹爲鄴令。豹往到鄴。會長老問民之所疾苦。長老曰。苦爲河伯娶婦。以故貧。豹問其故。對曰。鄴三老廷掾。常歲賦斂。收取其錢。得數百萬用其二三十萬。爲河伯娶婦。與祝巫共分。其餘錢持歸。當其時。巫行視人家女好者。云是當爲河伯婦。卽娉取。洗沐之。爲治新繒綺縠。閒居齋戒。爲治齋宮河上張緹絳帷。女居其中。爲具牛酒飯食。行十餘日。共粉飾之如嫁女床席。令女居其上。浮之河中。始浮行數十里乃沒。其人家有好女者。恐大巫祝爲河伯取之。以故多持女遠逃亡。以故城中益空無人。又困貧。所從來久遠矣。俗語曰。卽不爲河伯娶婦。水來漂沒。溺其人民云。西門豹云爲河伯娶婦時。願三老巫祝父老送女河上。幸來告語之。吾亦往送女。皆曰諾。至其時。西門豹往會之河上。三老官屬豪長者里父老皆會。以人民往觀之者三二千人。其巫老女子也。已年七十。從弟子女千人所皆衣繒單衣。立大巫後。西門豹曰。呼河伯婦來視其好醜。卽將女出帷中來至前。豹視之。顧謂三老巫祝父老曰。是女子不好。煩大巫嫗爲入報河伯。得更求好女。後日送之。卽使吏卒共抱大巫嫗投之河中。有頃曰。巫嫗何久也。弟子趣之。復以弟子一人投河中。有頃曰。弟子何久也。復使一人趣之。復投一弟子河中。投凡三弟子。西門豹曰。巫嫗弟子是女子也。不能白事。煩三老爲入白之。復投三老河中。西門豹簪筆磬折。嚮河立待良久。長老吏旁觀者皆驚恐。西門豹顧曰。巫嫗三老不來還奈之何。欲復使廷掾豪長者一人入趣之。皆叩頭且破額血流地。色如死灰。西門豹曰諾。且留待之須臾曰。廷掾起矣。狀河伯留客之久。若皆罷去歸矣。鄴吏民大驚恐。從是以後。不敢復爲河伯娶婦。

九 韓巫

韓非子顯學篇云。今巫祝之祝人曰。使若千歲萬歲。千歲萬歲之聲。括耳而一日之壽無徵於人。此人所以簡巫祝也。今世儒者之說人主。不言今之以爲治。而語已治之功。不審官法之事不察姦邪之情。而皆道上古之傳。譽先王之成功。儒者飾辭曰。聽吾言則可以霸王。此說者之巫祝。有度之主不受也。故明王舉實事去無用。不道仁義者。故不聽學者之言。

十　漢巫·晉巫·秦巫·梁巫·荆巫·胡巫·蠻巫

風俗通云。會稽俗多淫祀。好卜筮。民一以牛祭。巫祝賦斂受謝。民畏其口懼被祟。不敢拒逆。是以財盡於鬼神。產匱於祭祀。或貧家不能以時祀。至竟言不敢食牛害或發病且死。先爲牛鳴。其畏懼如此。

文獻通考云。漢高祖初起兵。徇沛爲沛公。祀蚩尤釁旗鼓。二年東擊項籍。西入關。立北畤。有司進祠上不親往。悉召故秦祀官復置太祝太宰如其故儀。因縣爲公社。李奇曰猶官社下詔曰。吾甚重祠而敬祭。今上帝之祭及山川諸神當祠者。各以其時禮祠之如故。後四歲。天下已定詔御史令沛治枌榆社。常以時春以羊彘祠之。令祝立蚩尤之祠於長安。置祠祝女巫。其梁巫祠天地天社天水房中堂上之屬。晉巫祠五帝東君雲中君。巫社巫祠族人炊之屬。服虔曰。東君以下皆神名也。師古曰東君日神也。雲中君謂巫神也。巫社巫祠皆古巫之神也。族人炊古主炊母之神也。謂饎爨也。秦巫社祠主巫保族纍之屬。師古曰。社主即上所云五社主也。巫保族纍二神名也。荆巫祠堂下巫先司命施糜之屬。師古曰。堂下在堂之下。巫先巫之最先者也。司命說者云。文昌第四日生也。施糜其先常設糜饘者也。九天巫祠九天。師古曰。九天者謂中央鈞天、東方蒼天、東北旻天、北方玄天、西北幽天、西南朱天、南方炎天。東南陽天也。其說見淮南子。一說云、東方旻天、東南陽天。南方赤天、西南朱天、西方成天西北幽天、北方玄天、東北變天、中央鈞天也。皆以歲時祠宮中。其河巫祠河於臨晉。而南山巫祠南山秦中。秦中者二世皇帝也。張晏曰以其彊死魂魄爲厲故祠之。帝時匡衡奏罷之。各有時日。

〔靈圉〕司馬相如封禪書。鬼神接靈圉。賓於閒館。師古曰。閒讀若閑。五洲衍文云。說文靈圉一作靈巫。以玉事神。以玉靈聲。

〔神君〕郊祀志置壽宮神君。神君居帷室中。天子因巫爲主人。關飲食所欲言行下。晉灼曰神君行欲言行下於巫師。○文隸曰。是時上求神仙之人。得十郡之巫。長陵女子能與鬼神交接。治病輒愈。置於上林苑中。號曰神君。有似古之靈圉。禮待之於閒館舍中即閑館也。

〔巫蠱〕王氏曰。女能事无形以舞降神曰巫。執左道以亂政惑人曰蠱。○辭源云·女巫以術爲蠱以詛人也漢武帝時。方士及諸神巫。多聚會京師。女巫往來宮中教美人度厄。埋木人祭祀。會帝病。江充言疾在巫蠱。掘蠱宮中。

〔胡巫〕三輔舊事云。江充使胡巫作蠱。以埋之。或稱說呪。五洲衍文

〔蠻巫〕、容齋隨筆云。蠻巫呪生於人腹中葱生數莖皆具。又能□腹間鷄雛以害人。

十一　唐巫

〔白香山神巫曲〕云。懸幢古樹神裏結。青莎白茅平

如壇。三聲畫鼓碧山動。雙剪舞鸞紅羅懸。星盤高設海山需。舞進花筵奠酒盃。神刀雙手霓影翻。翠□生風飄左右。揮揮鈴語碎如星。雲際來神痕有無。蒼茫古木下老鷹錯落平沙集靈烏。諸神歆能撤盃盤。㶊缶遙送秋雲霄

十二 遼巫

遼史禮志祭山儀。設天神地祇位于木葉山。東鄉中立君樹。植群樹以像朝班。又偶植二樹以爲神門。皇帝皇后至夷离畢。具禮儀牲用赭白馬玄牛赤白羊。僕臣曰旗鼓拽剌殺牲體割。懸之群樹。太巫以酒醴牲。禮官曰敵烈麻都奏儀辦。……巫三致辭。每致辭皇帝皇后一拜。在位者皆一拜……。

歲除儀。初夕勅使及伊勒希巴率執事郎君至殿前。以鹽及羊膏至爐□燎之。巫及大巫。以次贊祝火神訖。閤門使贊皇帝出火再拜。

喪葬儀。聖宗崩興宗哭臨于菆塗殿。大行之夕。四鼓終皇帝率群臣入柩前三致奠。奉柩出殿之西北門。就轀車。藉以素裀。巫者祓除之。詰旦發靷至祭所。凡五致奠。太巫禱禳。皇族外戚大臣諸京官。以次致祭。

歲時雜儀。正旦國俗。以糯飯和白羊髓爲餅。丸之若拳每帳賜四十九枚。戊夜各於帳內窓中擲丸於外。數偶動樂飲宴。數奇令巫十有二人。鳴鈴執箭。繞帳歌呼。帳內爆鹽爐中。燒地拍鼠。謂之驚鬼。居七日乃出。國語謂正旦爲阿尼尼雅伊能伊。

十三 金巫

盛京通志。雜志。金初國俗有被殺者。其親族繫刄杖端與衆至其家。使巫家而祝之曰。取爾一角指天。一角指地之牛。無名之馬。向之則華面。背之則白虎。橫視之則有左右翼者。其聲哀切悽惋。若蒿里之音。既而以刃畫地。取畜產財物而還其家。一經詛祝。家道輒敗。

盛京志又云。金昭祖久無子。有巫者能通神語甚驗。乃往禱焉。巫良久曰。男子之魂至矣。此子厚有福德子孫昌盛。可拜受之。生則名之曰烏可迺。是爲景祖。又良久曰。女子之魂至矣。可名之曰五鶡刃。又良久曰。女子之兆復見。可名曰斡都拔。又良久曰。男子之兆復見然性不馴良。長則殘忍。無親親之恩。必行非義。不可受也。昭祖方念後嗣未立。乃曰雖不良亦願受之。巫者曰當名之曰烏古出。既而生二男二女。次第先後皆如巫之言。

十四 元巫(蒙古巫)

元史祭祀志云。元之五禮。皆以國俗行之。惟祭祀稍稽

諸古。其郊廟之儀。禮官所考日益詳愼。而舊禮初未嘗廢。豈亦所謂不忘其初者歟。或曰北陲之俗。敬天而畏鬼。其巫祝每以爲能親見所祭者。而知其喜怒。故天子非有祭。其幽明之故。禮俗之辨則未能親格。豈其然歟自憲宗祭天于日月山。追崇所生。與太祖並配。

國俗舊禮(蒙古由來之巫俗)

每歲太廟四祭。用司禋監官一員。名蒙古巫祝。當省牲時。法服同三獻官升殿詣室戶告腯。還牲所。以國語呼結朝帝后名諱而告之。明旦三獻禮畢。獻官御史太常卿博士復升殿。分詣各室。蒙古博維齊詭割牲。太僕卿以朱漆盂奉馬乳酌奠。巫祝以國語告神訖。太祝奉祝幣詣燎位。獻官以下復位版。再拜禮畢。

每歲駕幸上都。以八月二十四日祭祀。謂之灑馬妳子用馬一羯羊八綵段練絹各九匹。以白羊毛纏若穗者九。貂鼠皮三。命蒙古巫覡及蒙古漢人達官四員。領其事。再拜告天。

每歲九月內及十二月十六日以後。於燒飯院中。用馬一羊三。馬　酒醴紅織金幣。及裏絹各三匹。命蒙古達官一員。偕蒙古巫覡。掘地爲坎。以燎肉。仍以酒醴馬湩雜燒之。覡以國語呼累朝御名而祭焉。

每歲十二月下旬。擇日於西鎭國寺內墻下。灑掃平地太府監供綵幣。中尙監供細氈鍼線。武備寺供弓箭環刀。束稈草爲人形一。爲狗一。剪雜色綵段爲之腸胃。選達官世家交射之。非伯蘇扎拉爾奈曼孟古岱拉搭坦何卜珠蘇尼特等氏族。不得與列。射至糜爛。以羊酒祭之。祭畢。帝后及太子嬪妃併射者。各解所服衣。俾蒙古巫覡祝讚之。祝讚畢。遂以與之。召曰脫災。國俗謂射草狗。

每歲十二月十六日以後。選日用白黑羊毛爲線。帝后及太子自頂至手足。皆用羊毛線纏繫之。坐于寢殿。蒙古巫覡念呪語。奉槽貯火。置米糠于其中。沃以酥油。以其烟熏帝之身。斷所繫毛線納諸槽內。又以紅帛長數寸。帝手裂碎之。唾之者三。併投火中。即解所服衣帽付巫覡。謂之脫舊災迎新禁云。

凡宮車晏駕。棺用香楠木中分爲二刳肖人形。其廣狹長短。僅足容身而已。殮用貂皮襖皮帽。其靴韈繫腰盒鉢俱用白粉皮爲之。殉以金壺瓶二盞一椀楪匙筯各一殮訖。用黃金爲箍四條以束之。輿車用白氈靑緣納克實爲簾覆棺。亦以納克實爲之。前行蒙古巫一人衣新衣。騎牽馬一匹。以黃金飾鞍轡。籠以納克實。謂之金靈馬。日三次用羊奠祭。至所葬陵地。其開穴所起之土成塊依次排列之。棺既下。復依次掩覆之。其有剩土則遠置他所。送葬之員居居五里外。日一次燒飯致祭三年返。（以上元史）

元吳萊北方巫者降神歌曰。天深洞房月漆黑。巫女擊鼓唱歌發。高粱鐵鐙懸半空。塞向墐戶跡不通。酒肉滂沱靜几席。箏琶朋指凄霜風。暗中鏗然那敢觸。塞外祆神喚來速。攏坻水草肥馬群。門巷光輝耀狠蘇。舉家側耳聽語言。出無入有凌崑崙。狐狐聲音共叫嘯。健鶻形勢同飛飄。甌脫故王大獵處。燕支廣磧黃沙樹。休屠收像接秦宮。于闐清騶開漢路。古今世事一渺茫。楚禨越女幾災祥。是耶非耶降靈場。麒麟被髮跨大荒。

十五　別附日本巫源

和漢三才圖會。「巫（音無）神子」按上古人心淳朴。而神話亦分明。國政賞罰多任神勑。既而。以皇女奉納伊勢齋宮加茂齋院。而天子即位。亦先卜定放彼齋王矣。雄略天皇皇女日本媛命。以為伊勢齋宮。嵯峨天皇皇女有智子內親主。以為加茂齋院。是其始也。今巫女所業者。奏神樂。以慰神慮。或束竹葉以探極熱湯。教注浴於身。既心體共勞倦。懵然時神時。託于彼。以告休咎。謂之湯立其巫曰伊智。今人疑多巫女媚不少而神諸何分明耶。

李能和曰。日本語巫之稱呼。有巫・市子・神子・神巫及御巫。此御巫於伊勢神宮。世為神官。因以為姓。蓋其本源出於皇女者歟。由是可知古代巫祝。即是神官。而與我朝鮮古代天君（蘇塗神壇祭天之人）或次次雄・相類似者也。又市子為巫之義。蓋日本古昔定期為市。人民聚集交易。業巫者每出於市。彈弓聚人。宣傳神事。如今耶穌教救世軍傳道之事。故名之者也。由此市子而朝鮮古代神市氏之義亦可聯想者也。

金鰲新話

金時習傳

金鰲新話

東峯 金時習 原著

○萬福寺樗蒲記

南原有梁生者。早喪父母。未有妻室。獨居萬福寺之東房外。有梨花一株。方春盛開。如瓊樹銀堆。生每月夜。逡巡朗吟其下。詩曰

一樹梨花伴寂寥。可憐辜負月明宵。靑年獨臥孤窓畔。何處玉人吹鳳簫。

翡翠孤飛不作雙。鴛鴦失侶浴晴江。誰家有約敲碁子。夜卜燈花愁倚窓。

吟罷。忽空中有聲曰。君欲得好逑。何憂不遂。生心喜之。明日即三月二十四日也。州俗燃燈於萬福寺祈福。士女騈集。各呈其志。日晚梵罷人稀。生袖樗蒲。擲於佛前。曰。吾今日與佛。欲鬪蒲戲。若我負則設法筵以賽。若佛負則得美女。以遂我願耳。祝訖遂擲之。生果勝。卽跪於佛前。曰。業已定矣。不可誑也。遂隱於几下。以候其約。俄而有一美姬。年可十五六。丫鬟淡飾。儀容婥妁。如仙姝天妃。望之儼然。手携油瓶。添燈揷香。三拜而跪。噫而歎曰。人生薄命。乃如此邪。遂出懷中狀詞。獻於卓前。其詞曰。某州某地居住何氏。某竊以曩者邊方失禦。倭寇來侵。干戈滿目。烽燧連年。焚蕩室廬。虜掠生民。東西奔竄。左右逋逃。親戚僮僕各相亂離。妾以蒲柳弱質。不能遠逝。自入深閨。終守幽貞。不爲行露之沾。以避橫逆之禍。父母以女子守節不爽。避地僻處。僑居草野。已三年矣。然而秋月春花。傷心虛度。野雲流水無聊送日。幽居在空谷。歎平生之薄命。獨宿度良宵。傷彩鸞之獨舞。日居月諸。魂銷魄喪夏夕冬宵。膽裂腸摧。惟願覺皇曲垂憐愍。生涯前定。業不可避。賦命有緣。早得歡娛。無任懇禱之至。女旣投狀。嗚咽數聲。生於隙中。見其姿容。不能定情。突出而言曰。向者投狀爲何事也。見女狀辭。喜溢於面。謂女子曰。子何如人也。獨來于此。女曰。妾亦人也。夫何疑訝之有。君但得佳匹。不必問名姓。若是其顚倒也。時寺已頹落。居僧住於一隅殿前。只有廊廡蕭然獨存。廊盡處有板房甚窄。生挑女而入。女不之難。相與講歡。一如人間。將及夜半。月

上東山。影入窓柯。忽有跫音。女曰誰耶。將非侍兒來耶。兒曰。唯。向日娘子。行不過中門。履不容數步。昨暮偶然而出。一何至於此極也。女曰。今日之事。蓋非偶然。天之所助。佛之所佑。逢一粲者。以爲偕老也。不告而娶。雖明教之法典。式燕以遨。亦平生之奇遇也。可於茅舍取裀席酒果來。侍兒一如其命。而往設筵於庭。時將四更也。鋪陳几案。素淡無文。而醪醴馨香。定非人間滋味。生雖疑恠。談笑淸婉。儀貌舒遲。意必貴家處子。踰墻而出。亦不之疑也。觴進。命侍兒歌以侑之。謂生曰。兒定仍舊曲。請自製一章以侑如何。生欣然應之曰。諾。乃製滿江紅一闋。命侍兒歌之曰。

惻惻春寒、羅衫薄、幾回腸斷金鴨冷、晚山凝黛。暮雲張繖。錦帳鴛衾無與伴。寶釵半倒吹龍管。可惜許、光陰易跳丸、中情懣。燈無焰。銀屛短。徒收淚、誰從欵。喜今宵鄒律一吹回暖。破我佳城千古恨。細歌金縷傾銀椀。悔昔時抱恨、蹙眉兒、眠孤館。

歌竟。女愀然曰。曩者蓬島失當時之約。今日瀟湘有故人之逢。得非天幸耶。郎若不我遐棄。終奉巾櫛。如失我願。永隔雲泥。生聞此言。一感一驚。曰。敢不從命。然其態度不凡。生熟視所爲。時月掛西峯。鷄鳴荒村。寺鍾初擊。曙色將暝。女白。兒可撤席而歸。隨應隨滅不知所之。女曰因緣已定。可同携手。生執女手。經過閭閻。犬吠於籬。人行於路。而行人不知與女同歸。但曰生早歸何處。生答曰。適醉臥萬福寺。投故友之村墟也。至詰朝。女引至草莽間。零露瀼瀼。無逕路可遵。生曰。何居處之若此也。女曰。孀婦之居固如此耳。女又謔曰。於邑行路豈不夙夜。謂行多露。生又謔之曰。有狐綏綏。在彼淇梁。魯道有蕩。齊子翺翔。吟而笑傲遂同去開寧洞。蓬蒿蔽野。荊棘參天。有一屋小而極麗。邀生俱入。裀褥帳幃極整。如昨夜所陳。留三日。歡若平生。然其侍兒美而不黠。器皿潔而不文。意非人世。而繾綣意篤。不復思慮。已而女謂生曰。此地三日不下三年。君當還家以顧生業也。遂設離宴以別。生悵然曰。何遽別之速也。女曰當再會以盡平生之願爾。今日到此弊居。必有夙緣。宜見鄰里族親如何。生曰。諾。即命侍兒。報四鄰以會。其一曰鄭氏。其二曰吳氏。其三曰金氏。其四曰柳氏。皆貴家巨族。而與女子同閭閈。親戚而處子者也。性俱溫和。風韻不常。而又聰明識字。能爲詩賦。皆作七言短篇四首以贐。鄭氏態度風流。雲鬟掩鬢。乃噫而吟曰。

春宵花月兩嬋娟。長把春愁不記年。自恨不能如比翼。雙雙相戲舞青天。

漆燈無焰夜如何。星斗初橫月半斜。惆悵幽宮人不到。
翠衫撥亂鬢鬖髿。
摽梅情約竟蹉跎。辜負春風事已過。枕上淚痕幾圓點。
滿庭山雨打梨花。
一春心事已無聊。寂寞空山幾度宵。不見藍橋經過客。
何年裴航遇雲翹。

吳氏丫鬟妖弱。不勝情態。繼吟曰。

寺裏燒香歸去來。金錢暗擲竟誰媒。春花秋月無窮恨。
銷却樽前酒一杯。
溥溥曉露浥桃腮。幽谷春深蝶不來。却喜隣家銅鏡合。
更歌新曲酌金罍。
年年燕子舞東風。腸斷春心事已空。羨却芙蕖猶並蔕。
夜深同浴一池中。
一層樓在碧山中。連理枝頭花正紅。却恨人生不如樹。
靑年薄命淚凝瞳。

金氏斂其容儀。儼然染翰。責其前詩淫佚太甚。而言曰。今日之事不必多言。但叙光景。胡乃陳懷以失其節。傳鄙懷於人間。遂朗然賦曰。

杜鵑啼了五更風。寥落星河已轉東。莫把玉簫重再弄。
風情恐與俗人通。
滿酌烏程金叵羅。會須取醉莫辭多。明朝捲地東風惡。
一段春光奈夢何。
綠紗衣袂懶來垂。絃管聲中酒百巵。清興未闌歸未可。
更將新語製新詞。
幾年塵土惹雲鬟。今日逢人一解顏。莫把高唐神境事。
風流話柄落人間。

柳氏淡粧素服。不甚華麗。而法度有常。沉默不言。微笑而題曰。

確守幽貞經幾年。香魂玉骨掩重泉。春宵每與姮娥伴。
叢桂花邊愛獨眠。
却笑東風桃李花。飄飄萬點落人家。平生莫把靑蠅點。
誤作崐山玉上瑕。
脂粉慵拈首似蓬。塵埋香匣綠生銅。今朝幸預鄰家宴。
羞看冠花別樣紅。
娘娘今配白面郞。天定因緣契闊香。月老已傳琴瑟線。
從今相待似鴻光。

女乃感柳氏終篇之語。出席而告曰。余亦粗知字畫。獨無語乎。乃製近體七言四韻。以賦曰。

開寧洞裏抱春愁。花落花開感百憂。楚峽雲中君不見。
湘江竹下泣盈眸。晴江日暖鴛鴦並。碧落雲銷翡翠遊。

好是同心雙綰結。莫將紈扇怨清秋。

生亦能文者。見其詩法淸高。音韻鏗鏘。嗜嗜不已。即於席前。走書古風長短篇一章。以答曰。

今夕何夕。見此仙姝。花顏何綽約。絳脣似櫻珠。風騷尢巧妙。易安當含糊。織女投機下天津。嫦娥抛杵離淸都。靚粧照此珉瑱筵。羽觴交飛淸讌娛。殢雨尤雲雖未慣。淺斟低唱相怡愉。自嗟誤入蓬萊島。對此仙府風流徒。瑤漿瓊液溢芳樽。瑞腦霧噴金猊爐。白玉床前香屑飛。微風撼波青紗廚。眞人會我合巹巵。綵雲冉冉相縈紆。君不見文蕭遇彩鸞。張碩逢杜蘭。人生相合定有緣。會須舉白相闌珊。娘子何爲出輕言。道我掩棄秋風紈。世世生生爲配耦。花前月下相盤桓。

酒盡相別。女出銀椀一具。以贈生曰。明日父母飯我于寶蓮寺。若不遺我。請邂于路上。同歸梵宇。同覲父母如何。生曰諾。生如其言。執椀待于路上。果見巨室右族薦女子之大祥。車馬駢闐。上于寶蓮。見路傍有一書生。執椀而立。從者曰。娘子殉葬之物。已爲他人所偷矣。主曰如何。從者曰。此生所執之椀。遂聚馬以問。生如其前約以對。父母感訝良久。曰。吾止有一女子。當寇賊傷亂之時。死於干戈。不能窀。窆殯于開寧寺之間。因循不葬。以至于今。今日大祥已至。暫設齋筵。以追冥路。君如其約。請族女子以來。願勿愕也。言訖先歸。生佇立以待。及期。果一女子從侍婢腰裊而來。即其女也。相喜携手而歸。女入門禮佛。投于素帳之內。親戚寺僧皆不之信。唯生獨見。女謂生曰。可同茶飯。生以其言。告于父母。父母試驗之。遂命同飯。唯聞匙筯聲。一如人間。父母於是驚歎。遂勸生同宿帳側。中夜言語琅琅。人欲細聽。驟止其言。曰妾之犯律。自知甚明。少讀詩書。粗知禮義。非不諳褰裳之可愧。相鼠之可赧。然而久處蓬蒿。抛棄原野。風情一發。終不能戒。曩者梵宮祈福。佛殿燒香。自嘆一生之薄命。忽遇三世之因緣。擬欲荊釵椎髻。奉高節於百年。羃酒縫裳。修歸道於一生。自恨業不可避。冥道當然。歡娛未極。哀別遽至。今則步蓮入屛。阿香輾車。雲雨霽於陽臺。烏鵲散於天津。從此一別。後會難期。臨別悽惶。不知所云。送魂之時。哭聲不絕。至于門外。但隱隱有聲。曰。冥數有限。慘然將別。願我良人。無或疎闊。哀哀父母不我匹兮。漠漠九原心糾結兮。餘聲漸滅。嗚咽不分。父母已知其實。不復疑問。生亦知其爲鬼。尤增傷感。與父母聚頭而泣。父母謂生曰。銀椀任君所用。但女子有田數頃蒼赤數人。君當以此爲信。勿忘吾女子。翌日設牲牢朋酒。以尋前迹。果一殯葬處也。生設奠哀慟。焚楮鏹于前。遂葬焉。作文以吊之曰。

惟靈生而溫麗。長而淸淳。儀容侔於西施。詩賦高於淑眞。不出香閨之內。常聽鯉庭之箴。逢亂離而璧完。遇寇賊而珠沉。托蓬蒿而獨處。對花月而傷心。腸斷春風。哀杜鵑之啼血。膽裂秋霜。歎紈扇之無緣。嚮者一夜邂逅。心緒纏綿。雖識幽冥之相隔。實盡魚水之同歡。將謂百年以偕老。豈期一夕而悲酸。月窟驂鸞之妹。巫山行雨之娘。地黯黯而莫歸。天漠漠而難望。入不言兮恍惚。出不逝兮蒼茫。對靈幃而掩泣。酌瓊漿而增傷。感音容之窈窕。想言語之琅琅。嗚虖哀哉。爾性聰慧。爾氣精詳。三魂縱散。一靈何亡。應降臨而陟庭。或薰蒿而在傍。雖死生之有異。庶有感於些章。

後極其情哀。盡賣田舍。追薦再三夕。女於空中唱曰。蒙君薦拔。已於他國爲男子矣。雖隔幽冥。寔深感佩。君當復修淨業。同脫輪回。生後不復婚嫁。入智異山採藥。不知所終。

○李生窺墻傳

松都有李生者。居駱駝橋之側。年十八。風韻淸邁。天資英秀。常詣國學。讀詩路傍。善竹里。有巨室處子崔氏。年可十五六。態度艶麗。工於刺繡。而長於詩賦。世稱風流李氏子。窈窕崔家娘。才色若可餐。可以療飢腸。李生嘗挾冊詣學。常過崔氏之家北墻外。垂楊裊裊數十株環列。李生憩於其下。一日窺墻內。名花盛開蜂鳥爭喧。傍有小樓。隱映於花叢之間。珠簾半掩。羅幃低垂。有一美人。倦繡停針。支頤而吟。曰。

獨倚紗窗刺繡遲。百花叢裏囀黃鸝。無端暗結東風怨。
不語停針有所思。

路上誰家白面郎。青衿大帶映垂楊。何方可化堂中燕。
低掠珠簾斜度墻。

生聞之不勝技癢。然其門戶高峻。庭闈深邃。但怏怏而去。還時以白紙一幅。作詩三首。繫瓦礫投之曰。

巫山六六霧重回。半露尖峰紫翠堆。惱却襄王孤枕夢。
肯爲雲雨下陽臺。

相如欲挑卓文君。多少情懷已十分。紅粉墻頭桃李艶。
隨風何處落繽紛。

好因緣邪惡因緣。空把愁腸日抵年。二十八字媒已就。
藍橋何日遇神仙。

崔氏命侍婢香兒。往見之。即李生詩也。披讀再三。心自喜之。以片簡又書八字。投之。曰。將子無疑。昏以爲期。生如其言。乘昏而往。忽見桃花一枝過墻。而有搖裊之影。往視之。則以鞦韆絨索。繫竹兜下垂。生攀緣而踰。會月上東山花影在地。淸香可愛。生意謂已入仙境。心雖竊喜而情密事秘。毛髮盡竪。回眄左右。女已在花叢裏。與香兒折花相戴。鋪罽僻地。見生微笑。口占二句。先唱曰。

桃李枝間花富貴。鴛鴦枕上月嬋娟。

生續吟曰。

他時漏洩春消息。風雨無情亦可憐。

女變色而言曰。本欲與君終奉箕帚。永結歡娛。郎何言之若是遽也。妾雖女類。心意泰然。丈夫意氣。肯作此語乎。他日閨中事洩親庭。譴責妾。以身當之。香兒可於房中賫酒果以進。兒如命而往。四座寂寥。閒無人聲。生問曰。此是何處。女曰。此是北園中小樓下也。父母以我一女。情鍾甚篤。別構此樓于芙蓉池畔。方春時名花盛開。欲使我從侍兒遨遊耳。親闈之居。閨閤深邃。雖笑語啞咿。亦不能卒爾相聞也。女酌綠蟻一巵勸生。口占古風一篇曰。

曲闌下壓芙蓉池。池上花叢人共語。香霧霏霏春融融。製出新詞歌白紵。月轉花陰入氍毹。共挽長條落紅雨。風攪淸香香襲衣。賈女初踏春陽舞。羅衫輕拂海棠枝。驚起花間宿鸚鵡。

生即和之曰。

誤入桃源花爛熳。多少情懷不能語。翠鬟雙綰金釵低。楚楚春衫裁綠紵。東風初拆並蔕花。莫使繁枝戰風雨。飄飄仙袂影婆娑。叢桂陰中素娥舞。勝事未了愁必隨。莫製新詞教鸚鵡。

飲罷。女謂生曰。今日之事必非少緣。郎須尾我以遂情款。言訖。女從北窓入。生隨之。樓梯在房中。緣梯而昇。果其樓也。文房几案。極其濟楚。一壁展煙江疊嶂圖。幽篁古木圖。皆名畫也。題詩其上。詩不知何人所作。其一曰。

何人筆端有余力。寫此江心千疊山。壯哉方壺三萬丈。半出縹緲烟雲間。遠勢微茫幾百里。近見崒嵂靑螺鬟。滄波淼淼浮遠空。日暮遙望愁鄉關。對此令人意蕭索。疑泛湘江風雨灣。

其二曰。

幽篁蕭颯如有聲。古木偃蹇如有情。狂根盤屈惹莓苔。老幹矢矯排風雷。胸中自有造化窟。妙處豈與傍人說。韋偃與可已爲鬼。漏洩天機知有幾。晴窓嗒然淡相對。愛看幻墨神三昧。

一壁貼四時景各四首。亦不知其何人所作。其筆則摹松雪眞字。體極精姸。其一幅曰。

芙蓉帳暖香如縷。窓外霏霏紅杏雨。樓頭殘夢五更鍾。

百舌啼在辛夷塢。
燕子日長閨閤深，懶來無語停金針。花底雙雙蛺蝶飛。
爭趁落花庭院陰。
嫩寒輕透綠羅裳。空對春風暗斷腸。脉脉此情誰料得。
百花叢裏舞鴛鴦。
春色深藏黃四家。深紅淺綠映窓紗。一庭芳草春心苦。
輕揭珠簾看落花。

其二幅曰。

小麥初胎乳燕斜。南園開徧石榴花，綠窓工女幷刀響。
擬試紅裙剪紫霞。
黃梅時節雨廉纖。鶯囀槐陰燕入簾。又是一年風景老。
楝花零落筝生尖。
手拈青杏打鶯兒。風過南軒日影遲。荷葉已香池水滿。
碧波深處浴鸕鷀。
藤床筠簟浪波紋。屏畵瀟湘一抹雲。懶慢不堪醒午夢。
半窓斜日欲西曛。

其三幅曰。

秋風策策秋露凝。秋月娟娟秋水碧。一聲二聲鴻雁歸。
更聽金井梧桐葉。
床下百虫鳴唧々。床上佳人珠淚滴。良人萬里事征戰。
今夜玉門關月白。
新衣欲製剪刀冷。低喚丫兒呼熨斗。熨斗火銷全未省。
細撥秦筝又搔首。
小池荷盡芭蕉黃。鴛鴦瓦上粘新霜。舊愁新恨不能禁。
況聞蟋蟀鳴洞房。

其四幅曰。

一枝梅影向窓橫。風緊西廊月色明。爐火未銷金筯撥。
旋呼丫髻換茶鐺。
林葉頻驚半夜霜。回風飄雪入長廊。無端一夜相思夢。
都在冰河古戰場。
滿窓紅日似春溫。愁鎖眉峯著睡痕。膽瓶小梅腮半吐。
含羞不語綉雙鴛。
剪剪霜風掠北林。寒烏啼月正關心。燈前爲有思人淚。
滴在穿絲小揑針。

一傍別有小室一區。帳褥衾枕亦甚整麗。帳外爇麝臍燃蘭膏。熒煌映徹。恍如白晝。生與女極其情歡。遂留數日。一日生謂女曰。先聖有言。父母在遊必有方。而今我定省已過三日。親必倚閭而望。非人子之道也。女惻然而頷之踰垣而遣之。生自是以後無夕而不往。一夕李生之父問曰。汝朝出而暮還者。將以學先聖仁義之格言。昏出而曉還。當爲何事。必作輕薄子。踰垣墻折樹檀耳。事如彰露。人皆譴我敎子之不嚴。而如其女定是高門右族。則必以爾之狂狡。穢彼門戶。獲戾人家。其事不小。速去嶺南。率奴隷監農。勿得復還。郞於翌日。謫送蔚州。女每夕於花園待之。數月不還。女意其得病。命香兒密問於李生之鄰。鄰人曰。李郞得罪於家君。去嶺南。已數月矣。女聞之。臥疾在床。輾轉不起。水漿不入於口。言語支離。肌膚憔悴。父母恠之。問其病狀。喑喑不言。搜其箱篋。得李生前日唱和詩。擊節驚訝曰。幾乎失我女子矣。問曰。李生誰耶。至是女不復隱。細語在咽中。告父母曰。父親母親鞠育恩深。不能相匿。竊念男女相感。人情至重。是以標梅迨吉。咏於周南。咸腓之凶。戒於羲易。自將蒲柳之質。不念桑落之詩。行露沾衣。竊被傍人之嗤。絲蘿托木。已作娟兒之行。罪已貫盈。累及門戶。然而彼狡童兮一偸賈香。千生喬怨。以眇眇之弱軀。忍悄悄之獨處。情念日深。沉痾日篤。濱於死地。將化窮鬼。父母如從我願。終保餘生。倘違情欵。斃而有已。當與李生而遊黃壤之下。誓不登他門也。於是。父母已知其志。不復問病。且警且誘。以寬其心。復修媒妁之禮。問于李家。李氏問崔家門戶優劣。曰。吾家豚犬。雖年少風狂。學問精通。身彩似人。所冀捷龍頭於異日。占鳳鳴於卅年。不願速求婚媾也。媒者以言返告。崔氏復遣曰。一時朋伴皆稱。令嗣才華邁人。今雖蟠屈。豈是池中之物。宜速定嘉會之晨。以合二姓之好。媒者又以其言返告李生之父。曰。吾亦自少把冊窮經。年老無成。奴隷逋逃。親戚寡助。生涯疎闊。家計伶俜。而況巨家大族。豈以一人寒儒。留意爲贅郞乎。是必好事者。過譽吾家。以誣高門也。媒又告崔家。崔家曰。納采之禮。裝束之事。吾盡辦矣。宜差穀旦。以定花燭之期。媒者又返告之李家。至是稍回其意。卽遣人召生問之。生喜不自勝。乃作詩曰。

破鏡重圓會有時。天津烏鵲助佳期。從今月老纏繩去。
莫向東風怨子規。

女聞之。病亦稍愈。又作詩曰。

惡因緣是好因緣。盟語終須到底圓。共輓鹿車何日是。
倩人扶起理花鈿。

於是。擇吉日。遂定婚禮。而續其絃焉。自同牢之後。夫婦愛而敬之。相待如賓。雖鴻光鮑桓。不足言其節義也。生翌年捷高科。登顯仕。聲價聞于朝著。辛丑年紅賊據京城。王移福州。賊焚蕩室廬。臠炙人畜。夫婦親戚。不能相保。東奔西竄。各自逃。生挈家隱匿窮崖。有一賊。拔劒而逐。生奔走得脫。女爲賊所虜。欲逼之。女大罵曰。虎鬼殺啗。我寧死葬於豺狼之腹中。安能作狗彘之匹乎。賊怒殺而剮之。生竄于荒野。僅保餘軀。聞賊已滅。遂尋父母舊居。其家已爲兵火所焚。又至女家。廊廡荒凉。鼠唧鳥喧。悲不自勝。登于小樓。收淚長噓。奄至日暮。塊然獨坐。佇思前遊。宛如一夢。將及二更。月色微吐光。照屋梁。漸聞廊下有跫然之音。自遠而近。至則崔氏也。生雖知已死。愛之甚篤。不復疑訝。遽問曰。避於何處。全其軀命。女執生手。慟哭一聲。及叙情曰。妾本良族。幼承庭訓。工刺繡裁縫之事。學詩書仁義之方。但識閨門之治。豈解境外之修。然而一窺紅杏之墻。自獻碧海之珠。花前一笑。恩結平生。帳裏重邀。情愈百年。言至於此。悲慚曷勝。將謂偕老而歸居。豈意橫折而顚溝。終不委身於豺虎。自取磔肉於泥沙。固天性之自然。匪人情之可忍。却恨一別於窮崖。竟作分飛之匹鳥。家亡親沒。傷嬭魄之無依。義重命輕。幸殘軀之免辱。誰憐寸寸之灰心。徒結斷斷之腐腸。骨骸暴野。肝膽塗地。細料昔時之歡娛。適爲當日之愁寃。今則鄒律已吹於幽谷。倩女再返於陽間。蓬萊一紀之約綢繆。聚窟三生之香芬郁。重契濶於此時。期不負乎前盟。如或不忘。終以爲好。李郎其許之乎。生喜且感。曰固所願也。相與欵曲抒情。言及家産被寇掠有無。女曰。一分不失。埋於某山某谷也。又問兩家父母骸骨安在。女曰暴棄某處。叙情罷同寢。極歡如昔。明日與生俱往尋瘞處。果得金銀數錠及財物若干。又得收拾兩家父母骸骨。貿金賣財。各合葬於五冠山之麓。封樹祭獻。皆盡其禮。其後生亦不求仕官。與崔氏居焉。幹僕之逃生者。亦自來赴。生自是以後懶於人事。雖親戚賓客賀弔。杜門不出。常與崔氏。或酬或和。琴瑟偕和。荏苒數年。一夕女謂生曰。三遇佳期。世事蹉跎。歡娛不厭。哀別遽至。遂嗚咽數聲。生驚問。曰。何故至此。女曰冥數不可躱也。天帝以妾與生緣分未斷。又無罪障。假以幻體。與生暫割愁腸。非久留人世以惑陽人。命婢兒進酒。歌玉樓春一闋以侑生。歌曰。

干戈滿目交揮處。玉碎花飛鴛失侶。殘骸狼藉竟誰埋。
血汚遊魂無與語。高唐一下巫山女。破鏡重分心慘楚。
從玆一別兩茫茫。天上人間音信阻。

每歌一聲飲泣數下。殆不成腔。生亦悽惋不已。曰。寧與娘子同入九泉。豈可無聊獨保殘生。向者傷亂之後。親戚僮僕各相亂離。亡親骸骨狼藉原野。倘非娘子誰能覓埋。古人云。生事之以禮。死葬之以禮。盡在娘子。天性之純孝人情之篤厚也。感激無已。自愧可勝。願娘子淹留人世。百年之後同作塵土。女曰李郎之壽。剩有餘紀。妾已載鬼籙。

不能久視。若倘眷戀人間。違犯條令。非唯罪我。兼亦累及於君。但妾之遺骸。散於某處。倘若垂恩。勿暴風日。相視泣下數行。云。李郎珍重。言訖漸滅了。無踪迹。生拾骨附葬于親墓傍。旣葬。生亦以追念之故。得病數月而卒。聞者莫不傷歎。而慕其義焉。

○醉遊浮碧亭記

平壤。古朝鮮國也。周武王克商。訪箕子。陳洪範九疇之法。武王封于此地。而不臣也。其勝地。則錦繡山。鳳凰臺。綾羅島。麒麟窟。朝天石。楸南墟。皆古跡。而永明寺浮碧亭其一也。永明寺。卽東明王九梯宮也。在郭外東北廿里。俯瞰長江。遠矚中原。一望無際。眞勝境也。畫舸商船。晚泊于大同門外之柳磯。留則必泝流而上。縱觀于此。極歡而旋。亭之南有鍊石層梯。左曰靑雲梯。右曰白雲梯。刻之于石。立華柱。以爲好事者玩。天順初。松京有富室洪生。年少美姿容。有風度。又善屬文。値中秋望。與同伴。抱布貿絲于箕城。泊舟緣岸。城中名娼。皆出闉闍。而目成焉。城中有故友李生。設宴以慰生。酣醉回舟。夜凉無寐。忽憶張繼楓橋夜泊之詩。不勝淸興。乘小艇。載月打槳而上。期興盡而返至。則浮碧亭下也。繫纜蘆叢。躡梯而登。憑軒一望。朗吟淸嘯。時月色如海。波光如練。雁叫汀沙。鶴警松露。凜然如登淸虛紫府也。顧視故都。烟籠粉堞。浪打孤城。有麥秀殷墟之歎。乃作詩六首曰。

不堪吟上浿江亭。嗚咽江流腸斷聲。故國已銷龍虎氣。荒城猶帶鳳凰形。汀沙月白迷歸雁。庭草烟收點露螢。風景蕭條人事換。寒山寺裏聽鍾鳴。

帝宮秋草冷凄凄。回磴雲遮徑轉迷。妓館故基荒薺合。女墻殘月夜鳴啼。風流勝事成塵土。寂寞空城蔓蒺藜。唯有江波依舊咽。滔滔流向海門西。

浿江之水碧於藍。千古興亡恨不堪。金井水枯垂薜荔。石壇苔蝕擁欅楠。異鄉風月詩千首。故國情懷酒半酣。月白倚軒眠不得。夜深香桂落毿毿。

中秋月色正嬋娟。一望孤城一悵然。箕子廟庭喬木老。檀君祠壁女蘿緣。英雄寂寞今何在。草樹依稀問幾年。唯有昔時端正月。淸光流彩照衣邊。

月出東山烏鵲飛。夜深寒露襲人衣。千年文物衣冠盡。萬古山下城郭非。聖帝朝天今不返。閑談落世竟誰依。金鑾麟馬無行迹。輦路草荒僧獨歸。

庭草秋寒玉露凋。靑雲橋對白雲橋。隋家士卒隨鳴瀨。帝子精靈化怨蜩。馳道煙埋香輦絕。行宮松偃暮鍾搖。

登高作賦誰同賞。月白風淸興未消。

生吟罷。撫掌起舞蜘蹰。每吟一句。歔欷數聲。雖無扣舷吹簫。唱和之樂。中情感慨。足以舞幽壑之潛蛟。泣孤舟之嫠婦也。吟盡欲返。夜已三更矣。忽有跫音自西而至者。生意謂寺僧聞聲。驚訝而來。坐以待之。見則一美娥也。丫鬟隨侍左右。一執玉柄拂。一執輕羅扇。威儀整齊。狀如貴家處子。生下階而避之于墻隙。以觀其所爲。娥倚于南軒。看月微吟。風流態度。儼然有序。侍兒捧雲錦茵席以進。改容就坐。琅然言曰。此間有哦詩者。今在何處。我非花月之妖。步蓮之姝。幸値今夕。長空萬里。天闊雲收。冰輪飛而銀河淡。桂子落而瓊樓寒。一觴一咏。暢叙幽情。如此良夜何。生一恐一喜。踟蹰不已。作小聲咳聲。侍兒尋聲而來。請曰。主母奉邀。生踧踖而進。且拜且跪。娥亦不之甚敬。但曰。子亦登此。侍兒以短屏乍掩。只半面相看。從容言曰。子之所吟者何語也。爲我陳之。生一一以誦。娥笑曰。子亦可與言詩者也。即命侍兒。進酒一行。殽饌不似人間。試啖堅硬莫吃。酒又苦不能啜。娥莞爾曰。俗士那知白玉醴。紅虬脯乎。命侍兒曰。汝速去神護寺。乞僧飯少許來。寺羅漢像在處兒承命而往。須臾得來。即飯也。又無下飯。又命侍兒曰。汝去酒巖乞饌來。岩下有淵龍在處須臾得鯉炙而來。生啗之。啗訖。娥已依生詩。以和其意。寫於桂箋。使侍兒投于生前。其詩曰。

東亭今夜月明多。淸話其如感慨何。樹色依稀青盖展。江流瀲瀲練裙拖。光陰忽盡若飛鳥。世事屢驚如逝波。此夕情懷誰了得。數聲鍾磬出煙蘿。

故城南望浿江分。水碧沙明叫雁群。麟馬不來龍已去。鳳吹曾斷土爲墳。晴嵐欲雨詩圓就。野寺無人酒半醺。忍看銅駝沒荊棘。千年蹤跡化浮雲。

草根咽咽泣寒螿。一上高亭思渺茫。斷雨殘雲傷往事。落花流水感時光。波添秋氣潮聲壯。樓蘸江心月色涼。此是昔年文物地。荒城疎樹惱人腸。

錦繡山前錦繡堆。江楓掩映古城隈。丁東何處秋砧苦。欸乃一聲漁艇回。老樹倚巖緣薜荔。斷碑横草惹莓苔。凭欄無語傷前事。月色波聲揔是哀。

幾介疎星點玉京。銀河淸淺月分明。方知好事皆虛事。難卜他生遇此生。醽醁一樽宜取醉。風塵三尺莫嬰情。英雄萬古成塵土。世上空餘身後名。

夜何如其夜向闌。女墻殘月正團圝。君今自是兩塵隔。遇我却賭千日歡。江上瓊樓人欲散。陛前玉樹露初摶。欲知此後相逢處。桃熟蓬丘碧海乾。

生得詩且喜。猶恐其返也。欲以談話留之。問曰。不敢問姓氏族譜。娥嘻而答曰。弱質殷王之裔。箕氏之女。我先祖實封于此。禮樂典刑。悉遵湯訓。以八條敎民。文物鮮華。千有餘年。一旦天步艱難。災患奄至。先考敗績匹夫之手。遂失宗祏。衛瞞乘時竊其寶位。而朝鮮之業墜矣。弱質顚蹶狼籍。欲守貞節。待死而已。忽有神人撫我曰。我亦此國之鼻祖也。享國之後。入于海島。爲仙。不死者。已數千年。汝能隨我紫府玄都。逍遙娛樂乎。余曰諾。遂提携引我。至于所居。作別館以待之。餌我以玄洲不死之藥。服之累日。忽覺身輕氣健。磔磔然如有換骨焉。自是以後。逍遙九垓。儻佯六合。洞天福地。十洲三島。無不遊覽。一日秋天晃朗。玉宇澄明。月色如水。仰視蟾桂。飄然有遐擧之志。遂登月窟。入廣寒淸虛之府。拜嫦娥於水晶宮裏。嫦娥以我貞靜能文。誘我曰。下土仙境。雖云福地。皆是風塵。豈如履靑冥驂白鸞。挹淸香於丹桂。服寒光於碧落。遨遊玉京。遊泳銀河之勝也。卽命爲香案侍兒。周旋左右。其樂不勝可言。忽於今宵。作鄕井念。下顧蜉蝣。臨睨故鄕。物是人非。皓月掩烟塵之色。白露洗塊蘇之累。辭下淸霄。冉冉一降。拜于祖墓。又欲一玩江亭以暢情懷。適逢文士。一喜一赧。輒依瓊琚之章。敢展駑鈍之筆。非敢能言。聊以敘情耳。生再拜稽首曰。下土愚昧。甘與草木同腐。豈意與王孫天女。敢望唱和乎。生卽於席前。一覽而記。又俯伏曰。愚昧宿障深厚。不能大嚼仙肴。何幸粗知字書。稍解雲謠。眞一奇事也。四美難具。請復以江亭秋夜翫月爲題。押四十韻。敎我。佳人頷之。濡筆一揮。雲煙相軋。走書卽賦。曰。

月白江亭夜。長空玉露流。淸光蘸河漢。灝氣被梧楸。皎潔三千里。嬋娟十二樓。纖雲無半點。輕颯拭雙眸。瀲灩隨流水。依稀送去舟。能窺蓬戶隙。偏映荻花洲。似聽霓裳奏。如看玉斧修。蚌珠胚貝闕。犀暈倒閻浮。願與知微翫。常從公遠游。芒寒驚魏鵲。影射喘吳牛。隱隱靑山郭。團團碧海陬。共君開鑰匙。乘興上簾鉤。李子停盃日。吳生斫桂秋。素屛光粲爛。紈幄細雕鎪。寶鏡磨初掛。氷輪駕不留。金波何穆穆。銀漏正悠悠。拔劒妖蟆斫。張羅狡兎罘。天衢新雨霽。石逕淡煙收。檻壓千章木。階臨萬丈湫。關河誰失路。鄕國幸逢儔。桃李相投報。罍觴可獻酬。好詩爭刻燭。美酒剩添籌。爐爆烏銀片。鐺翻蟹眼漚。龍涎飛睡鴨。瓊液滿癭甌。鳴鶴孤松警。啼蛩四壁愁。胡床殷瘦話。晉渚謝遠游。彷彿荒城在。蕭森草樹稠。靑楓搖湛湛。黃葦冷颼颼。仙境乾坤闊。塵閒甲子遒。故宮禾黍穗。野廟梓桑樛。芳臭遺殘碣。興亡問泛鷗。纖阿常仄滿。累塊幾蜉蝣。行殿爲僧舍。前王葬虎丘。螢燐隔幔小。鬼火傍林幽。弔古多垂淚。傷今自買憂。檀君餘木覓。箕邑只淸婁。窟有騏驎跡。原逢肅愼鏃。蘭香還紫府。織女駕蒼虬。文士停花筆。仙娥罷坎堠。曲終人欲散。風靜櫓聲柔。

寫訖擲筆。凌空而逝。莫測所之。將歸。使侍兒傳命。曰。帝命有蹤。將驂白鸞。淸話未盡。愴我中情。俄而回飆捲地。吹倒生座。掠詩而去亦不知所之。蓋不使異話傳播人間也。生惺然而立。貌僴而思。似夢非夢。似眞非眞。倚闌注想。盡記其語。因念奇遇而未盡情款。乃追懷以吟。曰。

雲雨陽臺一夢間。何年重見王簫環。江波縱是無情物。嗚咽哀鳴下別灣。

吟訖五盼。山寺鍾鳴。水村鷄唱。月隱城西。明星嘒嘒。但聽鼠啾于庭。虫鳴于座。悄然而悲。肅然而恐。愴乎其不可留也。返而登舟。怏怏鬱鬱。抵于故岸。同伴競問曰。昨宵托宿甚處。生紿曰。昨夜把竿乘月。至長慶門外朝天石畔。欲釣錦鱗。會夜凉水寒。不得一鮒。何恨如之。同伴亦不之疑也。其後生念娥。得勞瘵尫羸之疾。先抵于家。精神恍惚。言語無常。展轉在床。久而不愈。生一日。夢見淡妝美人。來告曰。主母奏于上皇。上皇惜其才。使隸河鼓幕下爲從事。上帝赦汝其可避乎。生驚覺。命家人沐浴更衣。焚香掃地。鋪席于庭。支頤暫臥。奄然而逝。即九月望日也。殯之數日。顏色不變。人以爲遇仙尸解云。

○南炎浮州志

成化初。慶州有朴生者。以儒業自勉。常補大學館不得登一試。常怏怏有憾。而意氣高邁。見勢不屈。人以爲驕俠然對人接話。淳愿慤厚。一鄉稱之。生嘗疑浮屠巫覡鬼神之說。猶豫未決。旣而質之中庸。參之易辭。自負不疑。而以淳厚。故與浮屠交。如韓之顚柳之巽者。不過二三人。浮屠亦以文士交。如遠之宗雷。遁之王謝。爲莫逆友。一日因浮屠。問天堂地獄之說。復疑云。天地一陰陽耳。那有天地之外更有天地。必詖僻也。問之浮屠。浮屠亦不能決答。而以罪福響應之說答之。生亦不能心服也。常著一理論。以自警。蓋不爲他岐所惑。其略曰

常聞天下理一而已矣。一者何。無二致也。理者何。性而已矣。性者何。天之所命也。天以陰陽五行。化生萬物。氣以成形。理亦賦焉。所謂理者。於日用事物上各有條理。語父子則極其親。語君臣則極其義。以至夫婦長幼。莫不各有當行之路。是則所謂道而理之具於吾心者也。循其理則無適而不安。逆其理而拂性則菑逮。窮理盡性。究此者也。格物致知。格此者也。蓋人之生。莫不有

是心。亦莫不具是性。而天下之物。亦莫不有是理。以心之虛靈。循性之固然。即物而窮理。因事而推源。以求至乎其極。則天下之理。無不著現明顯。而理之至極者。莫不森於方寸之內矣。以是而推之。天下國家。無不包括。無不該合。參諸天地而不悖。質諸鬼神而不惑。歷之古今而不墜。儒者之事止於此而已矣。天下豈有二理哉。彼異端之說。吾不足信也。

一日於所居室中。夜挑燈讀易。支枕假寐。忽到一國。乃洋海中一嶋嶼也。其地無草木沙礫。所履非銅則鐵也。晝則烈焰亘天。大地融冶。夜則凄風自西。砭人肌骨。吒波不勝。又有鐵崖如城。緣于海濱。只有一鐵門。宏壯。關鍵甚固。守門者喙牙獰惡。執戈鎚以防外物。其中居民以鐵爲室。晝則焦爛。夜則凍烈。唯朝暮蠢蠢似有笑語之狀。而亦不甚苦也。生驚愕逡巡。守門者喚之。生遑遽不能違命。踧踖而進。守門者竪戈而問曰。子何如人也。生慄且答曰。某國某士某一介迂儒。干冒靈官。罪當寬宥。法當矜恕。拜伏再三。且謝搪揬守門者曰。爲儒者當逢威不屈。何磬折之如是。吾儕欲見識理君子久矣。我王亦欲見如君者。以一語傳白于東方。少坐。吾將告子于王。言訖趨蹌而入。俄然出語曰。王欲延子於便殿。子當以訐言對。不可以威厲諱。使我國人民得聞大道之要。有黑衣白衣二童。手把文卷而出。一黑質青字。一白質朱字。張于生之左右以示之。生見朱字。有名姓。曰現住某國朴某今生無罪。當不爲此國民。生問曰。示不肖以文卷何也。童曰。黑質者惡簿也。白質者善簿也。在善簿者。王當以聘士禮迎之。在惡簿者。雖不可罪。以民隷例勑之。王若見生。禮當詳悉。言訖持簿而入。須臾飆輪寶車。上施蓮座。嬌童彩女。執拂擎蓋。武隷邏卒。揮戈喝道。生擧首望之。前有鐵城三重。宮闕嶔峨。在金山之下。火炎漲天。融融勃勃。顧視道傍人物於火燄中。履洋銅融鐵。如蹋濘泥。生之前路可數十步許。如砥而無流金烈火。蓋神力所變爾。至王城。四門豁開。池臺樓觀一如人間。有二美姝。出拜扶携而入。王戴通天之冠。束文玉之帶。秉珪下階而迎。生俯伏在地。不能仰視。王曰。土地殊異不相統攝。而識理君子。豈可以威勢屈其躬也。挽袖而登殿上。別施一床。即玉欄金床也。坐定。王呼侍者進茶。生側目視之。茶則融銅。果則鐵丸也。生且驚且懼。而不能避。以觀其所爲。進於前。則香茗佳果馨香芬郁。薰于一殿。茶罷。王語生曰。士不識此地乎。所謂炎浮洲也。宮之北山。即沃焦山也。此洲在天地之南。故曰南炎浮洲。炎浮者。炎火赫赫。常浮大虛。故稱之云耳。我名燄摩。言爲燄所摩也。爲此土君師。已萬餘載矣。壽久而靈。心之所之。無不神痛。志之所欲。無不適意。蒼頡作字。送吾民以哭之。瞿曇成佛。遣吾徒以護之。至於三五周孔。則以道自衛。吾不能側足於其間也。生問曰。周孔瞿曇何如人也。王曰。周孔中華文物中之聖也。瞿曇西域姦兇中之聖也。文物雖明。人性駁粹。周孔率之。姦兇雖昧。氣有利鈍。瞿曇警之。周孔之敎。以正去邪。瞿曇之法。設邪去邪。以正去邪。故其言正直。以邪去邪。故其言荒誕。正直故君子易從。荒誕故小人易信。其極致則皆使君子小人終歸於正理。未嘗惑世誣民。以異道誤之也。生又問曰。鬼神之說乃何。王曰。鬼者陰之靈。神者陽之靈。蓋造化之迹。而二氣之良能也。生則曰人物。死則曰鬼神。而其理則未嘗異也。生曰。世有祭祀鬼神之禮。且祭祀之鬼神。與造化之鬼神異乎。曰。不異也。士豈不見乎。先儒云。鬼神無形無聲。然物之終始。無非陰陽合散之所爲。且祭天地。所以謹陰陽之造化也。祀山川。所以報氣化之升降也。享祖考。所以報本。祀六神所以免禍。皆使人致其敬也。非有形質以妄加禍福於人間。特人君焄蒿悽愴。洋洋如在耳。孔子所謂敬鬼神而遠之。正謂此也。生曰。世有厲氣妖魅。害人惑物。此亦當言鬼神乎。王曰。鬼者屈也。神者伸也。屈而伸者。造化之神也。屈而不

伸者。乃鬱結之妖也。合造化。故與陰陽終始。而無跡。滯鬱結。故混人物寃懟而有形。山之妖曰魈。水之怪曰魊。水石之怪曰龍罔象。木石之怪曰夔魍魎。害物曰厲。惱物曰魔。依物曰妖。惑物曰魅。皆鬼也。陰陽不測之謂神。即神也。神者妙用之謂也。鬼者歸根之謂也。天人一理。顯微無間。歸根曰靜。復命曰常。終始造化。而有不可知其造化之跡。是即所謂道也。故曰鬼神之德其盛矣乎。生又問曰。僕嘗聞於爲佛者之徒。有曰天上有天堂快樂處。地下有地獄苦楚處。列名府十王。鞫十八獄囚。有諸。且人死七日之後。供佛設齋以薦其魂。祀王燒錢以贖其罪。姦暴之人。王可寬宥否。王驚愕曰。是非吾所聞。古人曰。一陰一陽之謂道。一闢一闔之謂變。生生之謂易。無忘之謂誠。夫如是則豈有乾坤之外復有乾坤。天地之外更有天地乎。如王者萬民所歸之名也。三代以上億兆之主皆曰王。而無稱異名。如夫子修春秋。立百王不易之大法。尊周室曰天王。則王者之名不可加也。至秦滅六國一四海。自以爲德兼三皇。功高五帝。乃改王號曰皇帝。當是時。僭竊稱之者頗多。如魏梁荊楚之君是已。自是以後。王者之名分紛如也。文武成康之尊號已墜地矣。且流俗無知。以人情相濫不足道。至於神道則尚嚴。安有一域之內。王者如是其多哉。士豈不聞天

無二日國無二王乎。其語不足信也。至於設齋薦魂。祀王燒錢。吾不學其所爲也。士試詳其世俗之矯妄。生退席斂衽而陳曰。世俗當父母死亡七七之日。若尊若卑。不顧喪葬之禮。專以追薦爲務。富者糜費過度。炫耀人聽。貧者至於賣田貿宅。貸錢賒穀。鏤紙爲旛。剪綵爲花。招衆髡爲福田。立塑像爲導師。唱唄諷誦。鳥鳴鼠唧。曾無意謂。爲喪者携妻挈兒。援類呼朋。男女混雜。矢溺狼籍。使淨土變爲穢溷。寂場變爲鬧市。而又招所謂十王者。備饌以祭之。燒錢以贖之。爲十王者。當不顧禮義。縱貪而濫受之乎。當考其法度循憲而重罰之乎。此不肖所以憤悱。而不敢忍言也。諦爲不肖辨之。王曰。噫哉至於此極也。且人之生也。天命之以性。地養之以生。君治之以法。師教之以道。親育之以恩。由是。五典有序。三綱不紊。順之則祥。逆之則殃。祥與殃在人生受之耳。至於死。則精氣已散。升降還源。那有復留於幽冥之內哉。且冤懟之魂。橫夭之鬼。不得其死。莫宣其氣。嗸嗸於戰場黃沙之域。啾啾於負命啣冤之家者。間或有之。或托巫以致款。或依人以辨懟。雖精神未散於當時。畢竟當歸於無朕。豈有假形於冥地以受犴獄乎。此格物君子所當斟酌也。至於齋佛祀王之事則尤誕矣。且齋者潔淨之義。所以齋不齊而致其齊也。佛者清淨之稱。王者尊嚴之號。求車求金。貶於春秋。用金用絹。始於漢魏。那有以清淨之神。而享世人供養。以王者之尊。而受罪人賄賂。以幽冥之鬼。而縱世間刑罰乎。此亦窮理之士。所當商略也。生又問曰。輪回不已。死此生彼之義。可問否。曰。精靈未散。則似有輪回。然久則散而消耗矣。生曰。王何故居此異域而爲王者乎。曰我在世盡忠於王。發憤討賊。乃誓曰。死當爲厲鬼以殺賊。餘願未殄而忠誠不滅。故托此惡鄉爲君長。今居此地而仰我者。皆前世弒逆姦兇之徒。托生於此。而爲我所制。將格其非心者也。然非正直無私。不能一日爲君長於此地也。寡人聞子正直抗志。在世不屈。眞達人也。而不得一舒其志於當世。使荊璞棄於塵野。明月沉于重淵。不遇良匠。誰知至寶。豈不惜哉。余亦時運已盡。將捐弓劒。子亦命數已窮。當瘞蓬蒿。司牧此邦。非子而誰。乃開宴極歡。問生以三韓興亡之跡。生一一陳之。至高麗創業之由。王歎傷再三曰。有國者不可以暴刧民。民雖若瞿瞿以從。內懷悖逆。積日至月。則堅冰之禍起矣。有德者不可以力進位。天雖不諄諄以語。示以行事。自始至終。而上帝之命嚴矣。蓋國者民之國。命者天之命也。天命已去。民心已離。則雖欲保身。將何爲哉。又復叙歷代帝王崇異道致妖祥之事。王便蹙額曰。民謳謌而水旱至者。是天使人主重以戒謹也。民怨咨而祥瑞現者。是妖媚人主益以驕縱也。且歷代帝王致瑞之日。民其按堵乎呼寃乎。曰姦臣蠭起。大亂屢作。而上之人。脅威爲善以釣名。其能安乎。王良久歎曰。子之言是也。宴畢。王欲禪位于生。乃手制曰。炎洲之域。實是瘴癘之鄕。禹跡之所不至。穆駿之所未窮。彤雲蔽日。毒霧障天。渴飮赫赫之洋銅。飢飡烘烘之融鐵。非夜叉羅刹。無以措其足。魑魅魍魎。莫能肆其氣。火城千里。鐵嶽萬重。民俗强悍。非正直無以辨其姦。地勢凹隆。非神威不可施其化。咨爾東國某。正直無私。剛毅有斷。著含章之質。有發蒙之才。顯榮雖蔑於身前。綱紀實在於身後。兆民永賴。非子而誰。宜導德齊禮。冀納民於至善。躬行心得。庶躋世於雍熙。體天立極。法堯禪舜。予其作賓。嗚呼欽哉。生奉詔。周旋再拜而出。王復勅臣民致賀。以儲君禮送之。又勅生曰。不久當還。勞此一行所陳之語。傳播人間。一掃荒唐。生又再拜致謝曰。敢不對揚休命之萬一。旣出門。挽車者。蹉跌覆轍。生仆地蹶起而覺。乃一夢也。開目視之。書冊抛床。燈花明滅。生感訝良久。自念將死。日以處置家事爲懷。數月有疾。料必不起。却醫巫而逝。其將化之夕。夢神人告於四鄰曰。汝鄰家某公。將爲閻羅王者云。

○龍宮赴宴錄

松都有天磨山。其山高揷而峭秀。故曰天磨山。中有龍湫。名曰瓢淵。窄而深。不知其幾丈。溢而爲瀑。可百餘丈。景槩淸麗。遊僧過客。必於此而觀覽焉。夙著異靈。載諸傳記。國家歲時以牲牢祀之。前朝有韓生者。少而能文。著於朝廷。以文士稱之。嘗於所居室。日晩宴坐。忽有靑衫幞頭郎官二人。從空而下。俯伏於庭曰。瓢淵神龍奉邀。生愕然變色曰。神人路隔。安能相及。且水府汗漫。波浪相囓。安可利往。二人曰。有駿足在門。願勿辭也。遂鞠躬挽袂出門。果有驄馬。金鞍玉勒。蓋黃羅帕而有翼者也。從者皆江巾抹額。而錦袴者十餘人。扶生上馬。幢蓋前導。妓樂後隨。二人執笏從之。其馬緣空而飛。但見足下煙雲苒惹。不見地之在下也。頃刻間。已至於宮門之外。下馬而立。守門者皆著彭蜞鼈鱉之甲。矛戟森然。眼眶可寸許。見生皆低頭交拜。鋪床請憩。似有預待。二人趨入報之。俄而靑童二人。拱手引入。生舒步而進。仰視宮門。榜曰含仁之門。生纔入門。神王戴切雲冠。佩劒秉簡。而下延之。上階升殿請坐。即水晶宮白玉床也。生屈伏固辭。曰。下土愚人。甘興草木同腐。安得干冒神威濫承寵接。神王曰。久望令聞。仰屛尊儀。幸毋見訝。遂揮手揖坐。生三讓而登。神王南向。踞七寶華床。生西向而坐。坐未定。閽者傳言曰。賓至。王又出門迎接。見有三人。著紅袍。乘綵輦。威儀侍從。儼若王者。王又延之殿上。生隱於牖下。欲竢其定而請謁。王勸三人。東向。揖坐而告曰。適有文士。在陽界。奉邀。諸君勿相疑也。命左右引入。生趍進禮拜。諸人皆俛首答拜。生讓座曰。尊神貴重。僕乃一介寒儒。敢當高坐。固辭。諸人曰。陰陽路殊。不相統攝。而神王威重鑑人惟明。子必人間文章鉅公。神王是命。請勿拒也。神王曰。坐。三人一時就座。生乃跼蹐而登。跪於席邊。神王曰安座。坐定行茶一巡。神王告曰。寡人止有一女。已加冠笄。將欲適人。而弊居僻陋。無迎待之館。花燭之房。今欲別構一閣。命名佳會。工匠已集。木石咸具。而所乏者上樑文耳。側聞。秀才名著三韓。才冠百家。故特遠招。幸爲寡人製之。言未旣。有二丫童。一捧碧玉之硯。湘竹之管。一捧氷綃一丈。跪進於前。生俛伏而起。染翰立成。雲煙相糺。其詞曰。

切以。堪輿之內。龍神最靈。人物之間。配匹至重。旣有潤物之功。可無衍福之基。是以關雎好逑。所以著萬化之始。飛龍利見。亦以象靈變之迹。是用新構阿房。昭揭盛號。集蜃鼉而作力。聚寶貝以爲材。竪水晶珊瑚之柱。掛龍骨琅玕之梁。珠簾捲而山靄青葱。玉戶開而洞雲繚繞。宜室宜家。享胡福於萬年。鼓瑟鼓琴。毓金枝於億世。用資風雲之變。永補造化之功。在天在淵。蘇下民之渴望。或潛或躍。祐上帝之仁心。騰翥快於乾坤。威德洽乎遐邇。玄龜赤鯉。踊躍而助唱。木怪山魈。次第而來賀。宜作短歌。用揭雕梁。抛梁東。紫翠岧嶢撑碧空一夜雷聲喧繞澗。蒼崖萬仞珠玲瓏。抛梁西。征轉巖廻山鳥啼。湛湛深湫知幾丈。一泓春水似玻瓈。抛梁南。十里松杉橫翠嵐。誰識神宮宏且壯。碧琉璃底影相涵。抛梁北。曉日初升潭鏡碧。素練橫空三百丈。飜疑天上銀河落。抛梁上。手捫白虹遊莽蒼。渤海扶桑千萬里。顧視人寰如一掌。抛梁下。可惜春疇飛野馬。願將一滴靈源水。四海便作甘雨灑。伏願營室之後。合巹之晨。萬福咸臻。千祥畢至。瑤宮玉殿。挾卿雲之靉靆。鳳枕鴛衾。聳歡聲之騰沸。不顯其德。以赫厥靈。

書畢進呈。神王大喜。乃命三神傳閱。三神皆嘖嘖歎賞。於是。神王開潤筆宴。生跪曰。尊神畢集。不敢問諱。神王曰秀才陽人。固不知矣。一祖江神。二洛河神。三碧瀾神也余欲與秀才光伴。故邀爾。酒進樂作。有蛾眉十餘輩。搖翠袖戴瓊花。相進相送。舞而歌碧潭之曲。曰。

靑山兮蒼蒼。碧潭兮汪汪。飛澗兮泱泱接天上之銀漢。若有人兮波中央。振環珮兮琳琅。威炎赫兮煌煌。羌氣宇兮軒昂。擇吉日兮辰良。占鳳鳴之鏘鏘。有翼兮華堂。有祥兮靈長。招文士兮製短章。歌盛化兮擧脩梁。酌桂酒兮飛羽觴。翺燕同兮踏春陽。獸口噴兮瑞香。豕腹沸兮瓊漿。擊魚鼓兮郞當。吹龍笛兮趨蹌。神儼然而在床。仰至德兮不可忘。

舞竟。復總角十餘輩。左執籥右執翿。相旋相顧。而歌回風之曲曰。

若有人兮山之阿。披薜荔兮帶女蘿。日將暮兮淸波。生細紋兮如羅。風飄飄兮鬖鬖髿。雲冉冉兮衣婆娑。周旋兮委蛇。巧笑兮相過。捐余褋兮鳴渦。解余環兮寒沙。露浥兮莚莎。煙暝兮嵚峩。望遠峯之嵾嵯。若江上之靑螺。疏擊兮銅羅。醉舞兮傞傞。有酒兮如沱。有肉兮如坡。賓旣醉兮顔酡。製新曲兮酬歌。或相扶兮相拖。或相柏兮相呵。擊玉壺兮飮無何。淸興闌兮哀情多。

舞竟。神王喜抃。洗爵捧觥。致於生前。自吹玉龍之笛。歌水龍吟一闋。以盡歡娛之情。其詞曰。

管絃聲裏傳觴。瑞麟口噴靑龍腦。橫吹片玉一聲。天上碧雲如掃。響激波濤。曲飜風月。景閑人老。悵光陰似箭。風流若夢。歡娛又生煩惱。西嶺綵嵐初散。喜東峯氷盤凝灝。擧杯爲問。靑天明月。幾看醜好。酒滿金罍。人頹玉岫。誰人推倒。爲佳賓。脫盡十載雲泥。壹鬱。快登蒼昊。

歌竟。顧謂左右曰。此間伎戲不類人間。爾等爲嘉賓呈之。有一人。自稱郭介士。擧足橫行。進而告曰。僕巖中隱士沙穴幽人。八月風淸。輸芒東海之濱。九天雲散。含光南井之傍。中黃外圓。被堅執銳。常支解以入鼎。從摩頂而利人。滋味風流。可解壯士之顔。形摸郭索。終貽夫人之笑。趙倫雖惡於水中。錢昆常思於外郡。死入畢吏部之手。神依韓晉公之筆。且逢場而作戲。宜弄脚以周旋。即於席前。負甲執戈。噴沫瞪視。回瞳搖肢。蹣跚趑蹌。進前後退。作八風之舞。其類數十。折旋俯伏。一時中節。乃作歌曰。

依江海以穴處兮。吐氣宇與虎爭。身九尺而入貢。類十種而多名。喜神王之嘉會。羌頓足而橫行。愛淵潛以獨處。驚江浦之燈光。匪酬恩而泣珠。非報仇而橫槍。嗟濠梁之巨族。笑我謂我無腸。然可比於君子。德充腹而內黃。美在中而暢四支兮。瞀流玉而凝香。羌今夕兮何夕赴瑤地之霞觴。神矯首而載歌。賓旣醉而彷徨。黃金殿兮白玉床。傳巨觥兮咽綠蟻。弄君山三管之奇聲。飽仙府九盌之神漿。山鬼趠兮翱翔。水族跳兮騰驤。山有榛兮濕有苓。懷美人兮不能忘。

於是。在旋右折。殿後奔前。滿座皆輾轉失笑。戲畢。又有一人。自稱玄先生。曳尾延頸。吐氣凝眸。進而告曰。僕蓍叢隱者。道葉遊人。洛水負文。已旌神禹之功。清江被網。曾著元君之策。縱刳腸以利人。恐脫殼之難堪。山節藻稅。殼爲臧公之珍。石腸玄甲。胸吐壯士之氣。盧敖踞我於海上。毛寶放我於江中。生爲希世之珍。死作靈道之寶。宜張口而呵呻。聊以舒千年藏六之胸懷。即於席前吐氣。裊裊如縷。長百餘尺。吸之則無迹。或縮頸藏肢。或引項搖頭。俄而進蹈安徐。作九功之舞。獨進獨退。乃作歌曰。

依山澤以介處兮。愛呼吸而長生。生千歲而五聚。搖十尾而最靈。寧曳尾於泥塗兮。不願藏乎廟堂。匪鍊丹而久視。非學道而靈長。遭聖明於千載。呈瑞應之昭彰。我爲水族之長兮。助連山與歸藏。負文字而有數兮。告吉凶而成策。然而多智有所危困。多能有所不及。未免剖心而灼背兮。侶魚蝦而屏迹。羌伸頸而舉踵兮。預高堂之燕席。賀飛龍之靈變。玩呑龜之筆力。酒既進而樂作。羌歡娛兮無極。擊鼉鼓而吹鳳簫兮。無潛虯於幽壑。集山澤之魍魅。聚江河之君長。若溫嶠之燃犀。慚禹鼎之罔象。相舞蹈於前庭。或謔笑而撫掌。日欲落兮風生。魚龍翔兮波滃泱。時不可兮驟得。心矯厲而慨慷。

曲終。夷猶恍惚。跳踩低昂。莫辨其狀。萬座嘔噱戲畢。於是木石魍魎。山林精怪。起而各呈所能。或嘯或歌或舞或吹。或抃或踊。異狀同音。乃作歌曰。

神龍在淵。或躍于天。於千萬年。厥祚延綿。卑禮招賢。
儼若神仙。翫彼新篇。珠玉相聯。琬琰以鐫。千載永傳。
君子言旋。開此瓊筵。歌以採蓮。妙舞蹁躚。伐鼓淵淵。
和彼繁絃。一掉航船。鯨吸百川。揖讓周旋。樂且無愆。

歌竟。於是。江河君長跪而陳詩。其第一座曰。

碧海朝宗勢未休。奔波汨汨負輕舟。雲初散後月沈浦。
朝欲起時風滿洲。日暖龜魚閑出沒。波明鳧鴨任沈浮。
年年觸石多嗚咽。此夕歡娛蕩百憂。

第二座曰。

五花樹影蔭重茵。籩豆笙簧次第陳。雲母帳中歌宛轉。
水晶簾裏舞逡巡。神龍豈是池中物。文士由來席上珍。
安得長繩繫白日。留連泥醉艷陽春。

第三座曰。

神王酩酊倚金床。山靄霏霏已夕陽。妙舞傞傞迴錦袖。

淸歌細細遶彫梁。幾年孤憤飜銀島。今日同歡擧玉觴。
流盡光陰人不識。古今世事太忽忙。
題畢進呈。神王笑閱。使人授生。生受之跪讀三復賞翫。即於坐前。題二十韻。以陳盛事。詞曰。
天磨高出漢。巖溜遠飛空。直下穿林壑。奔流作巨淙。波心涵月窟。潭底閟龍宮。變化留神迹。騰拏建大功。煙煴生細霧。駘蕩起祥風。碧落分符重。青丘列爵崇。乘雲朝紫極。行雨駕青驄。金闕開佳燕。瑤階奏別鴻。流霞浮茗椀。湛露滴荷紅。揖讓威儀重。周旋禮度豊。衣冠文璨爛。環珮響玲瓏。魚鼈來朝賀。江河亦會同。靈機何怳惚。玄德更淵沖。苑擊催花鼓。樽垂吸酒虹。天姝吹玉笛。王母理絲桐。百拜傳醪醴。三呼祝華嵩。煙沉霜雪果。盤映水晶葱。珍味充喉潤。恩波浹骨融。還如滄流鑾。宛似到瀛蓬。歡罷應相別。風流一夢中。
詩進。滿座皆歡賞不已。神王謝曰。當勒之金石以爲弊居之寶。生拜謝。進而告曰。龍宮勝事。已盡見之矣。且宮室之廣。彊域之壯。可周覽不。神王曰。可。生受命。出戶盱衡。但見綵雲繚繞。不辨東西。神王命吹雲者掃之。有一人。於殿庭蹙口。一吹天宇。晃朗無山石巖崖。但見世界平闊。如碁局可數十里。瓊花琪樹。列植其中。布以金沙。繚以金墉。其廊廡庭除。皆鋪碧琉璃塼。光影相涵。神王命二人。指揮觀覽。行到一樓。名曰朝元之樓。純是玻瓈所成。飾以珠玉。錯以金碧。登之若凌虛焉。其層千級。生欲盡登。使者曰神王以神力自登 僕等亦不能盡覽矣。盖上級與雲霄並。非塵凡可及。生登七層而下。又到一閣。名曰凌虛之閣。生問曰。此閣何用。曰。此神王朝天之時。整其儀仗。飾其衣冠之處。生請曰。願觀儀仗。使者引至一處。有一物如圓鏡。曄曄有光。眩目不可諦視。生曰此何物也。曰。電母之鏡。又有鼓大小相稱。生欲擊之。使者止之曰。若一擊則百物皆震。即雷公之鼓也。又有一物如橐籥。生欲搖之。使者復止之曰。若一搖則山石盡崩。大木斯拔。即哨風之橐也。又有一物如拂箒。而水瓮在邊。生欲洒之。使者又止之曰。若一洒則洪水滂沱。懷山襄陵。生曰。然則何乃不置噓雲之器。曰雲則神王神力所化。非機括可做。生又曰。雷公電母風伯雨師。何在。曰。天帝囚於幽處。使不得遊。王出則斯集矣。其余器具不能盡識。又有長廊。連亘數里。戶牖鎖以金龍之鑰。生問此何處。使者曰。此神王七寶之藏也。周覽許時不能遍見。生曰 欲還。使者曰。唯。生將還。其門戶重重。迷不知其所之。命使者而先導焉。生到本座。致謝於王曰。厚蒙恩榮。周覽佳境。再拜而別。於是神王以珊瑚盤。盛明珠二顆、冰綃二匹、爲贐行之資。拜別門外。三神同時拜辭、三神乘輦直返。復命二使者。持穿山簸水之角。揮以送之。一人謂生曰。可登吾背。閉目半餉。生如其言。一人揮角先導。恰似登空。唯聞風水聲移時不絕。聲止開目。但偃臥居室而已。生出戶視之。大星初稀、東方向明。鷄三鳴。而更五點矣。急探其懷而視之。則珠綃在焉。生藏之巾箱。以爲至寶。不肯示人。其後生不以利名爲懷。入名山不知所終。

書甲集後。

矮屋靑氈暖有餘。滿窓梅影月明初。挑燈永夜焚香坐。閑著人間不見書。

玉堂揮翰已無心。端坐松窓夜正深。香罐銅瓶烏凡淨。風流奇話細搜尋。

（金鰲新話）終

金時習傳

寧齋　李建昌

金時習字悅卿。江陵人。生八月。知書。語遲而神穎。不讀而曉。時。世宗致太平。人才號爲極盛、有以時習聞者。　上召之。甫五歲。黃門提而入。上試之詩。應口便對。上亟稱神童。時　世子侍立。世孫幼。扶牀坐。　上顧世子世孫。語時習。曰是而君也。善識之。賜帛五十匹。積於前。令自取去。時習乞針線。綴其端而連之。曳而出。宮門內外環立。觀神童。一日。名聞國中。時習雖長大。人猶稱金五歲。以此云　時習長。與徐居正游。以文學行義。相高。居正呈貴。時習不肯屑屑爲擧子業。常喜入山讀書。　世宗薨。　世子立。未幾又薨。　世孫立。是爲魯山君。居數年。叔父首陽大君靖內難。卽王位。後爲　世祖。遷魯山君于寧越淸冷浦。尋殺　世宗舊臣朴彭年成三問等。　魯山君亦薨。時習方在漢東水落山中。聞變大哭。盡焚其書。裂儒衣。削髮爲僧。自名雪岑。或稱淸寒子。時習雖未仕。自以五歲爲　聖主所知。及見其三世。義不忍捨魯山君而臣首陽大君也。日夜叫呼發狂。布衣襤褸。縛藁索。行乞食。一日。漢陽城中。人見宰相徐居正將朝。道遇僧犯前導。僧仰字號宰相。曰剛中。別來無恙。宰相憮然謝。偶立相欵語。衆皆大驚。有識者曰此舊時金五歲也。　世祖好佛。召國中高僧。僧多言雪岑得道。有命趣召雪岑。雪岑至。上爲齋戒。會朝臣及衆僧。將聞雪岑所說佛法。忽告雪岑逝去。上索之不得。外人譁言道傍溷厠中有僧。頭面穢。不可近。出視之。乃金時習也。豈雪岑耶。朝臣爲　上言時習狂書生。安知佛法。上置勿問。然僧徒皆盛稱雪岑爲生佛。時習亦夷然自謂知佛法。然時習實不知佛法也。時習負奇才。雖有所欲爲。使其有爲。必不如彭年三問徒死桁楊間。然時習灼知天命。　世祖之世豈時習所能哉。事卒不可爲。意卒不可解。故托於佛以自摧挫銷鑠之。年四十餘。爲文告父祖。蓄髮娶妻甚昵。生子。時習家有田畜。自爲僧。不復問。忽抱牒入官。語叨叨不休。求還其畜。官爲直之。然亦怪時習奈何至此。時習出。卽仰天大笑。燒其劵不問如故。居無何。妻子俱死。復削髮。然不復稱僧。而稱頭陀。每秋高木落。輒上山。至泉高瀑急處。悲歌賦詩。書之於葉。泛流而下。泛一葉。卽一哭。哭聲滿山谷。竟亦不知其詩云何。然哭時。往往呼世宗云。後自麟蹄雪岳。累徙至鴻山無量寺。以老。死。遺令以儒衣冠葬。愼勿火燒我。其徒藏其尸於塔。三年而發之。面如生。竟火之。